河出文庫

わが植物愛の記

牧野富太郎

河出書房新社

わが植物愛の記

◉

目次

I 想い出すままに 11

IV　牧野一家言　191

わが植物愛の記

I

想い出すままに

牧野写生図ワビスケ

幼少のころ

私は戌の年生まれで、今年九十五歳になるがいまだに壮健で、老人めくことが非常に嫌いだ。したがって自分を翁《おう》だとか、叟《そう》だとか、または老だとか称したことは一度もない。回顧すると、私が土佐の国高岡郡の佐川町で生まれ、呱々《ここ》の声をあげたのは文久二年の四月二十四日であって、ここにはじめて娑婆の空気を吸いはじめたのである。

私の町には士族がだいぶいたが、それはみな佐川の統治者深尾家の臣下であった。私の家は町人で、商売は雑貨と酒造業であったが、後には、酒造業のみを営んでいた。

私が生まれて四歳の時に父が亡くなり、六歳の時に母が亡くなった。私は幼なかったから、父母の顔を覚えていない。そして、私には兄弟もなく姉妹もなく、ただ私一人のみ生まれた。つまり、孤児であったわけである。

生まれたときは、大変に体が弱かったらしい。そして乳母が雇われていた。けれども、酒屋の後継ぎ息子であったため、私の祖母がたいへんに大事に私を育てた。祖父は両親より少しく後で私の七歳の時に亡くなった。

私の店の屋号は、岸屋といい、町内では旧家の一つだった。そして脇差をさすことを許されていた。私の幼い時の名は誠太郎であったが、後に富太郎となった。これが今日の名である。

私の七歳くらいの時であったと思うが、私の町から四里ほど北の方の野老山《ところやま》という村で一揆が起こった。それは異人（西洋人）が人間の油を取ると迷信して、土民が騒いだので、これを鎮撫するために県府から役人が出張し、ついにその主魁者三人ほどを逮捕し、隣村の越知《おち》の今成《いまなり》河原で斬首に処したのであった。

この日は、なんでもひじょうに寒くて雪が降っていたが、私は見物に行く人の後について、二里余りもある同処へ見にいったことを覚えている。

それから、少し後の年であったが、私の町から四里余りも東の方にある高岡町に親類があって、そこへ連れられていったことがある。この高岡の町から東南の方二里くらいも隔たり、新居《にい》の浜がある。私はそこへ連れて行ってもらって生まれてはじめて海を見た。その浜へ、打ち寄せる浪はかなり高く、繰返し繰返しその浪頭が、巻いて崩れ倒れるさまを見て、私は浪が生きているもののように感じた。

幼少の頃の私は、痩せっぽちで、肋骨がでていて、いたって弱々しく、友人たちは私のことを「ハタットオ」といってからかった。ハタットオとは土佐の言葉でバッタのことである。私はバッタのように痩せていたのだ。また、私はどこか日本人ばなれがしているというので「西洋ハタットオ」ともいわれた。

私の祖母は、病弱の私の体をたいそう心配して、クサギの虫や、赤蛙《あとひき》をせんじて疳《かん》のくすりだといって私に飲ませた。

ずっと後、私が二十六歳になったとき、明治二十年にこの祖母は亡くなった。私はまったくの独りになってしまった。家業はいっさい番頭まかせだった。また、従妹がひとりいたので、これも家事を手伝ってくれて酒屋の商売をつづけていた。私はあまり、店の方の面倒を見ることを好まなかった。

地獄虫

土佐の国は高岡郡、佐川の町に生まれた私は、子供のころよく町の上の金峰《きんぷ》神社の山へ遊びにいった。山は子供にとってなんとなく面白いところで、鎌を持っていって木を伐り、冬になるとコボテ（方言、小鳥を捕る仕掛け）を掛け、またキノコを採り、また陣処を作って戦ごとをしたりした。

この金峰神社はふつうには午王様《ごうさま》と呼ばれてわれらの氏神様であった。麓からだいぶ石段を登ってから、社地になるが、その社殿の前はかなり広い神庭、すなわち広場があった。

この社の周囲は森林で、主に常緑樹が多く、神殿に対する南の崖の一面を除いて他の三方は神庭より低く、斜面地になっていて、そこが樹林である。西の斜面の林中に一つの大きなシイの木があって、われらは、これを大ジイと呼んでいた。一抱え半ほどもある大きさの高い木であった。

秋がきて、熟したシイの実が落ちる頃になると、この神社の山はよくシイ拾いの子供に見舞われた。

シイは、みな実のまるい種でくわしくいえばコジイ、一名ツブラジイであるが、土地では単にこれをシイと呼び、ただその中で実の比較的大形なものをヤカンジイといい、きわめて稀ではあるがごく小粒でやせて長い形をしたものを小米ジイととなえていた。

さて、この大ジイの木は、山の斜面に生えていて、その木の下あたりへももちろんシイ拾いに行ったわけだ。その木の下の方は大きな幹下になっていて、日光もあまり届かず、うす暗くじめじめしていて、落葉が堆積していた。

私は、一日シイ拾いにここに来て、そこの落葉をかき分けかき分けして、落ちているシイの実をさがしていたところ、その落葉をさっとかきよけて見た刹那、「アッ！」と驚いた。そこには何百となく、数知れぬ蛆虫《うじむし》がうごめいていた。うす黒い色をした長い六、七分くらいの蛆だった。それはちょうど廁の蛆虫の尾を取り除いたような奴で、幅およそ一寸半ぐらいの帯をなし、連々と密集してうごめいているではないか。私は元来、毛虫（方言、イラ）だの、芋虫だののようなものが大嫌いなので、これを見るや否や、「こりゃ、たまらん！」と、大急ぎでその場を去ったが、今日でも、それを思い出すと、そのうようよと体を蠕動《ぜんどう》させていたことが目さきに浮かび、何となくゾーッとする。しかし、その後私は今日にいたるまでどこでも再びこんな虫に出会ったことがない。

この大ジイの木は、その後枯れてしまい、私が、二、三年前に久し振りに郷里に帰省したとき、そこに立寄ってみたらもはやその木はなんの跡形もなくなっていた。

この蛆虫を見たとき、私と同町の学友堀見克礼《かつひろ》君にこのことを話したら同君は、「それは地獄虫というものだ」といったが、その時分まだ子供だった同君がどうしてそんな名を知っていたのか分からない。あるいは、当意即妙的に同君の創意で言ったのかも知れない、しかし、そこのことは今もって判らない。同君は、既に他界しているので、今さらこれを確かめる由もない。がしかし、とに角、地獄虫の名は、この暗いじめじめした落葉の下に棲むうす黒い蛆虫に対しては名実相称《との》うた好称であるといえる。

私の考えでは、この蛆虫は孵化すれば一種のハエになる幼虫ではなかろうかと想像するが、心当りのある蛆虫学者に御教示を願いたいと思っている。従来、二、三の御方に聴いてはみたけれど、どうも満足な答えが得られなくなんとなく物足りなく感ずる。

しかし、現在わが昆虫界もなかなか多士済々であるから、「うん、そりゃなんでもない。そりゃこれこれだ」と、蒙を啓いてくれる御方がないとも限らない。しかし、もし不幸にしていよいよそれがないとなると、わたしは、日本の昆虫界に、まだこんな未知な世界が存在していることを知らせてあげたいという気になる。

ついでに、ここに面白いのは、この金峰神社の庭の西に向かったところが石垣になっていて、私の若かりし時分には、その石垣の間にタマシダが生えていたことを思い出す。それはもとより人の植えたものではない。元来、タマシダは瀕海地にある羊歯《しだ》だが、それがまったく山いく重も隔て、海からは四里余りも奥のこの地点に生えているることはまことに珍しい。残念なことには、今日、それがとっくに絶滅してしまっていて、すでに昔話になってしまったことである。

今一つ、興味あることは、佐川の町を離れてずっと北の方に下山《しもやま》というところがあり、そこを流れているヤナゼ川にそった路側の岩上に、海辺植物のフジナデシコが野生していた。これは私の少年時代のことであったが、今はとっくにそこに絶えて、これもきのうはきょうの昔語りとなったのである。

狐の屁玉

　幼少の頃、私は郷里佐川の附近の山へ、よく山遊びにいった。ある時、うす暗いシイの林の中をかさかさと落葉を踏んで歩いていると、おかしなものが目についた。フットボールほどもある白い丸い玉が、落葉の間から頭を出していたのだ。私は「何だろう」と思って恐る恐るこれに近寄っていった。しかし、別に動きだしたりもせず、じっとしている。

「ははあ、これはキノコの化物だな」と私は直感した。そして、この白い大きな玉を手で撫でてみた。すると、これはその肌ざわりからいって、まさにキノコであることが判った。「ずいぶん変わったキノコもあるもんだな、こりゃ驚いた」と、私はすっかりびっくりしてしまった。

　家に帰ってから、山で見たキノコの化物のことを祖母に話すと、祖母は、「そんな妙なキノコがあっつるか？」と不思議そうにいった。これを聞いていた下女が、

「それや、キツネノヘダマとちがいますかね」

　といったので私は、びっくりして下女の顔を見た。すると下女は、「そりゃ、キツネノヘダマにかわりません。うちの方じゃ、テングノヘダマともいいますきに」とい

った。

この下女は、いろいろな草やキノコの名を知っていて、私はたびたびへこまされたものである。

ある時、町はずれの小川から採ってきた水草を庭の鉢に浮かしておいたが、私はそれがどんな名の水草か知らなかった。すると、この下女が「その草、ヒルムシロとかわりませんね」といったので私はびっくりした。その後、高知で買った「救荒本草」という本を見ていたら、「眼子菜《がんしさい》」という植物がのっており、これにヒルムシロという名がでていた。まさに、下女のいったとおりだった。

さて、私が山で見たキツネノヘダマは、狐の屁玉の意で、妙な名である。天狗の屁玉ともいう。これは一つのキノコであって、屁玉といっても別に、屁のような悪臭はない。それのみか、食用になる。このキノコは、常に忽然として地面の上に白く丸く出現する怪物である。

五、六月の候、竹藪、樹林下あるいは墓地のようなところに生える。大きさは人の頭ほどになる。はじめは、小さいが、次第に膨らんできて、意外に大きくなる。小さいうちは色が白く、肉質で、中が充実しており、脆くて豆腐のようだが、後には漸次、色が変わり、ついに褐色になって、軽虚となり、中から煙が吹き出て気中に散漫するようになるが、この煙は、すなわち胞子であるから、胞子雲と名づけても満更ではあるまい。

今から一ヶ年も前にでた深江輔仁の「本草和名」にこのキノコはオニフスベとでている。この名の意味は、「鬼を燻《く》べる」意だとも取れるが、私はフスベは「こぶ」のことであろうと思っている。つまりオニフスベとは、「鬼のこぶ」の意であると推考される。こぶこぶしく、ずっしりと太った体の鬼のことだから、すばらしく大きなこぶが膨れでてもよいのだ。そして、鬼を燻べるということだと解する人があったら、その人の考えは浅薄な想像の説であると思う。

このオニフスベは、わかいとき食用になる。今から、二百四十年ほど前の正徳五年(一七一五年)に発行された「倭漢三才図会」には、「薄皮ありて、灰白色、肉白く、頗《すこぶ》るショウロに似たり、煮て食うに、味淡甘なり」と書かれている。この時代、すでにこんなキノコを食することを知っていたのは面白い事実である。

なおこのキノコを日本特産のキノコと認めて、はじめてその学名を発表したのは川村清一博士であった。

寺子屋時代

明治四年、十才の頃、私は寺小屋にいって習字を習ったが、この寺小屋は佐川町の西谷というところにあった。私はここで土居謙護《けんご》という先生についてイロハから習いはじめた。

その後まもなく、佐川町のはずれの目細《めぼそ》というところにあった寺小屋に移った。この寺小屋は伊藤蘭林《らんりん》（徳裕《のりひろ》）という先生が開いているものであった。

この寺小屋に来ているのは武士の子弟ばかりで、町人は山本富太郎という男と、かくいう牧野富太郎の二人だけだった。二人の富太郎が弟子入りしたわけである。

その頃は、まだ武士と町人との間には、はっきりした区別があって、武士の子は上座に坐り、町人の子は下座に坐らされた。食事の時も別々で、挨拶のしかたなども、武士は武士流に、町人は町人流にしたものである。

やがて、私は名教館に入校した。ここで学んだ教科書は、福沢諭吉の「世界国尽《くにづくし》」、川本幸民《こうみん》の「気海観瀾広義」、「輿地誌略」、「窮理図解」、「天変地異」などであった。

明治七年、明治の政府は小学校令を施行して日本全国に小学校を設置したが、佐川町にも小学校ができ、私はここに入学した。その頃の小学校は、上等、下等の二つに分れていて、上等に八級、下等に八級あって、全部で十六級あった。試験にパスすると上級に進級するわけであるが、よくできる子は臨時試験を受けて、どんどん上の級に進むことができた。私は学校の成績はよく、どんどん進級して、一番上の上等の上級まで上がったが、卒業間近の明治八年に退校してしまった。私が、学校と名のつくところで学んだのは、この二年あまりの小学校だけであった。それも、卒業はしなかった。

私の少年時代に、学問で身を立てることを決心した動機は、福沢論吉先生の「学問のすすめ」という本を読んだことにあると思う。この本は、当時日本全国で読まれた名著だった。

明治十年、西南役の最中、私は佐川小学校の代用教員になって教鞭をとる身となった。月給は三円だった。

この頃、佐川町に、高知県庁から、長持に三箱ほど外国の書物がときどき、それと一緒に二人の英学の先生がやって来た。一人は矢野矢という先生で、もう一人は長尾長という人だった。二人とも珍しい名の先生だった。

私は、この二人の英学の先生について英学の勉強をはじめた。このとき、「カッケンボスの文典」「ピネオの文法書」「グードリッチの歴史書」「バァレーの万国史」「ミッチェルの世界地理」「ガヨーの地理」「カッケンボスの物理学」「カッケンボスの天文学」等の英書を勉強した。辞書は「エブスタアの辞書」や、薩摩辞書を使った。その頃、英和辞書のことを薩摩辞書といっていた。また、ローマ字の「ヘボンの辞書」もあった。

やがて、私は、「学問をするには片田舎ではどうもいけん、もっと便利な都会に出にゃいけん」と考え、小学校の先生をやめて、高知へ出た。そして五松学舎という塾に入った。この塾は弘田正郎《まさろう》という先生が開いていた。この塾は高知市の大川筋にあった。私はこの塾で、植物、地理、天文の書物を読んだ。塾の講義は主に漢学だった。この頃、私はさかんに詩吟をした。詩には起、承、転、結という区切りがあって、転句のところで調子を転ずるのがなかなか難しい。

まもなく高知にコレラが大流行したので、私は郷里の佐川に逃げ帰った。その頃、コレラのことをコロリといっていた。人びとは、石炭酸をインク壺に入れて持ち歩き、ときどき石炭酸を鼻の孔《あな》になすりつけて予防だといっていた。鼻の孔に石炭酸をなすりつけるとヒリヒリとしみて目から涙がでた。

それからまもなく、私はその頃、高知の師範学校に転任してきた永沼小一郎《こいちろう》という先生と知り合った。この人と親しくなったことは私が植物研究に一生を捧げる動機となった。

永沼小一郎のこと

今はすでに故人となったが、私の最も親しい師友であった人に、永沼小一郎という世にも珍しい博学な天才の士があった。この人は丹後、舞鶴の出身で、明治十二年に神戸の兵庫県立病院附属医学校から転じて、土佐高知市の学校へ来られ、同地の県立中学校、県立師範学校で長らく教鞭を執っておられた。氏は土佐を第二の故郷だと思われ、久しく高知に住まわれたが、その後明治三十年に教職を辞して上京され、小石川区巣鴨町に居を卜《ぼく》せられた。

氏はじつに、世にも得難き碩学の士で、博く百科の学に精通し、それがまた通り一遍の知識でなく、ことごとくみなうんのうをきわめておられた。文部省の教員免許状も、七、八科も持っていられた。このように氏の各方面に学問の深いことは高知においても、県立病院の薬局長を兼任していたことからもうなずかれる。その頃、学校の教師で、薬局長を兼ねるというようなことは他に類のないことだった。

氏は和漢洋の学に通じ、科学、文学、いくところとして可ならざるはなく、晩年には音階の声音の震動数が不規則だからこれを正しい震動数の音階に改正せねばならんと、大いにそれに熱中してめんみつにこれを計算しておられたが、これは公に発表せられずに、この世を辞された。

私は永沼小一郎氏が高知へ転任されて来られたとき、いろいろ教えられることが多かった。氏は英語が達者で、西洋の科学、特に植物学に精通し、高知の師範学校にあったバルホァーの「植物学」を飜訳したり、ベントレーの「植物学」を訳したりしていた。私は永沼氏と、早朝から深夜まで、学問の話に熱中することも稀ではなかった。私は、永沼氏と互いに学問をみがき合ったことが、その後私の植物研究の基盤となったと思う。

火の玉を見たこと

時は、明治十五、六年頃、私がまだ二十一、二才頃のときであったろうと思っているが、その時分にときどき、高知（土佐）から七里ほどの夜道を踏んで西方の郷里、佐川町へ帰ったことがあった。

かく夜中に歩いて帰ることは当時すこぶる興味を覚えていたので、ときどきこれを実行した。すなわちある時はひとり、またある時は友人二、三人といっしょであった。

ある夏に、例のとおりひとりで高知から佐川に向かった。郷里からさほど遠くない加茂村のうちの字《あざ》、長竹《ながたけ》という在所に国道があって、そこが南向けに通じていた。北国道の両側は低い山でその向うの山はそれより高かった。まっ暗な夜で、別に風もなく静かであった。

たぶん午前三時頃でもあったろうか。ふと、向うを見ると突然空高く西の方から一個の火の玉が東に向いて水平に飛んで来た。ハッと思って見るうちに、たぶんそこな山の木か、もしくは岩かに突き当たったのであろう。パッと花火の火のように火花が散り砕けてすぐ消えてしまって、後はまっ暗であった。そして、その火の玉の色は少し赤みがかっていたように感じ、あえて青白いような光ではなかった。

次は、これと前後した頃であったと思う。やはり、暗い闇の夜に高知から郷里に向かっての帰途、岩目地《いわめじ》というところの低い岡の南側を通るように道がついている。この岡のところに林があって、そこに小さい神社があり、土地の人はこれを御竜様《おたつさま》と呼んでいる。この神社の下がすなわち通路で、これは国道から南に少し離れた間道である。そしてこの道の南方一帯が水のある湿地で、小灌木や水草などが生え繁って田などはなく、またもとよりその近辺には一軒の人家も見えず、人家からはだいぶ隔たっている淋しい場所で、南東には岡があり、その麓に小さい川が流れて、右の湿地を抱いている。

ある年の夏、暗い夜の三時か、四時頃でもあったであろう。私は御竜様《おたつさま》の下の道からふと向うを見ると、その東南一町ほどの湿地、灌木などの茂っている辺にごく低く、一個の静かな火が見えていた。それは光の弱い火できわめて静かにじーっと沈んだようになっていた。私はこれを一つの陰火であったと今も思っているが、そこはよくケチビ（土佐では陰火をこういう）が出るといわれている地域である。

次は明治八、九年頃のことではなかったかと思っているが、私の佐川町で見た火の玉である。それは、まだ宵のうちであったが、町で遊んでいると町の人家と人家との間からこの火の玉が見えた。これは、光りのごく弱い大きなまるい玉で、淡い月を見るような火の玉であった。この火の玉は上からやや斜めにゆるやかに下りてきて地面に近くなったところで、ついに人家に遮られて見えなくなった。そこの町名は新町《しんちょう》で、その外側は東に向かい、それから稲田がつづいていた。

なお、四国には、陰火がよく現われるところとして知られている土地がある。それは、徳島県海部郡なる日和佐町の附近で、ここには一つの川があって、その川の辺には時々陰火が現われるという。陰火の研究にでかけてみると面白いところだと思われる。

佐川の化石

私の郷里、佐川は有名な化石の産地である。貝石山、吉田屋敷、鳥の巣等には化石の珍物が出るので名高い。

ナウマンという外国の鉱物学の先生や、わが国地質学の大御所だった小藤文二郎《ことうぶんじろう》博士等も、よくこの化石採集のために佐川に来られた。

小藤博士が、佐川に見えたとき、私はまだ書生だったが、先生の着ておられた鼠色のモーニングコートがひどく気に入った。私も一度あのような素敵な洋服を着てみたいものと思った。

そこで、小藤博士のお伴をして化石採集にでかけたおりに、そのモーニングコートをしばらく拝借したいことを申し出た。

私は、さっそくその服をもって洋服屋を訪ね、それと同じものを註文したことがあった。

佐川の町の人たちは、科学に親しむ風があったが、これはこのような大先生方がこの地を訪れたことに刺激されたものと思う。

私もよく、化石を採集した。佐川には、外山矯《とやまたかし》という人が居って、この人は化石蒐集家として名高い人で、学者たちは佐川に来るとこの人に助力を仰いだものだ。

佐川にでる貝の化石に「ダオネラ・サカワナ」という珍品があるが、これは佐川から出た化石として記念すべきものである。

この頃、私は、佐川の町の人々が化石を通して科学に親しむ風のあるのを喜び、率先して佐川に理学会なる会を設けた。

この理学会では、さかんに討論会をしたり、講演会を開いたりした。会場は町の小学校を使い、町の若い人たちが数多く会員になっていた。

私は、東京で買い求めてきた科学書をみなに見せてやったりした。

この理学会を指導していた私は、「会報を発行して、みなの意見をのせよう」と思いたち「格致雑誌」という雑誌を発行した。「格致」というのは「物事の理をきわめて知識を深める」という意で、私の発案であった。

この雑誌の第一号は、私が自ら半紙に毛筆で書いた回覧雑誌だった。当時、佐川の町には印刷所などというものはなかったからである。

この「格致雑誌」の第一号には、化石のことがいろいろと出ている。

自由党脱退

私の青年時代は、土佐は自由党の天下であった。「自由は土佐の山間から出る」とまでいわれ、土佐の人々は大いに気勢を挙げたもんである。

自由党の本尊は、郷土の大先輩板垣退助で、土佐一国はまさに自由党の国であった。「板垣死すとも、自由は死せず」とこの大先輩は怒号した。

私の郷里佐川町も、全町挙げて自由党員であった。私も熱心な党員のひとりであって、政治に関する書物をずいぶん読んだ。ことに、スペンサアの本などは愛読したものだ。

「人間は自由で、平等の権利を持つべきである。日本政府も、自由を尊重する政府でなければいけん。圧制を行なう政府は、よろしく打倒すべし」

というわけで、大いに気勢をあげた。

その後、そこの村、ここの村で自由党の懇親会が開催され、志士たちは、競って壇上に駈け上って政府攻撃の演説を行なった。私も、この懇親会にはしばしば出席し、肩を怒らして時局を談じた。

しかし、私は「わしは何も政治で身を立てるわけではない。私の使命は、学問に専心して国に報ずることである」と考え、政治論争の時間を、植物研究に向けるべきであると悟った。

そこで、私は自由党を脱退することにした。自由党の同志たちも、私の決心を諒とし、この脱退を許してくれた。

自由党を脱退したことにつき、思い出すのは、この脱退が、芝居がかりで行なわれたことである。

私は、党を脱退するにつき、一芝居打つことを計画し、紺屋に頼んで、大きな旗をつくらした。この旗には、魑魅魍魎《ちみもうりょう》が火に焼かれて逃げて行く絵が画かれてあった。

その時、ちょうど隣村の越知《おち》村で自由党大会が開かれることになっていた。会場は、仁淀《によど》川という川の河原であった。この河原は美しいところで、広々としていた。

私は、佐川町のわれわれの同志をあつめ、例の奇抜な旗を巻いて、大会場に乗り込んだ。われわれの仲間は十五、六人ほどいた。

会場に入ると、各村の弁士たちが、入れ替り、立ち替り、熱弁をふるっていた。その最中、私たちは、例の大旗をさっと差し出し、脱退の意を表し、大声で歌を歌いながら、会場を脱出した。人々は、あっけにとられて私たちを見送っていた。

この旗は、今でも佐川町に保存されているはずである。

東京への初旅

明治十四年四月、私は郷里佐川をあとに、文明開化の中心地東京へ向かって旅にでた。

その頃、東京へ旅行することは、まるで外国へでもでかけるようなものであった。私はさかんな送別を受けて、出発した。

同行者には以前家の番頭だった佐枝竹蔵の息子の佐枝熊吉と、もひとり実直な会計係をつれていった。

なにしろ、その頃は四国にはまだ鉄道というものなどはない時代なので、佐川の町から徒歩で高知にでて、高知から蒸汽船に乗って海路神戸へ向かった。私は生まれてはじめて蒸汽船というものに乗った。

私は瀬戸内海の海上から六甲山の禿山の禿山を見てびっくりした。はじめは雪が積もっているのかと思った。土佐の山に禿山などは一つもないからであった。

神戸から京都までは陸《おか》蒸汽とよばれていた汽車があったので、これを利用して京都へでた。京都から先は徒歩で、大津、水口、土山を経て鈴鹿峠を越え、四日市に向かった。道々、私は見慣れない植物に出遇って目をみはった。シラガシをはじめて見たとき、びっくりしてしまった。あまり珍しいので、その芽生えを茶筒に入れて故郷に送り、庭に植えさせることにした。鈴鹿を越えたところでアブラチャンの花の咲いているのを見て、珍しさのあまり、これをたいせつにかばんに入れて東京まで持っていった。

四日市からは、再び蒸汽船に乗って横浜に向かった。この汽船は、遠州灘を通って横浜へ行くもので、外輪船だった。外輪船というのは船の両側に大きな水車がついて廻るしくみになっている船である。汽船の名は和歌浦丸といった。三等船室にごろごろして、何日かを過ごしたのち横浜についた。横浜から新橋までは、陸蒸汽が通っていたので、これに乗った。

私は、新橋の駅に下りたったとき、東京の町の豪勢なのにすっかりたまげてしまった。何よりも驚いたことは人の多いことであった。

私たちは、神田猿楽町に宿をとり、毎日東京見物をした。その時、ちょうど東京では勧業博覧会が開かれていたのでこれを見物した。

今の帝国ホテルのあるあたりは当時山下町といっていたが、ここに博物局という役所があり、田中芳男という人がそこの局長をしていた。この人は後に男爵になり、貴族院議員になった人である。私は、この田中芳男氏に面会を求めた。田中氏はこころよく会ってくれ、その部下の小野職慤《もとよし》、小森頼信《よしのぶ》という二人の植物係に命じて私の案内をさせてくれた。この小野氏は小野蘭山の子孫に当たる人だった。私は、植物園なども見学させてもらった。

私は、東京へ来たついでに、ひとつ有名な日光まで足をのばしてみようと思い、五月の末、千住大橋からてくてく歩きながら日光街道を日光に向かった。途中、宇都宮に一泊した。有名な日光の杉並木は人力車で通った。

中禅寺の湖畔で、私は石ころの間からニラのようなものが生えているのを見つけた。この植物は、ヒメニラだったと思うが、その後日光でヒメニラを採集したという話をきかないので、今だに疑問に思っている。

日光から帰京すると、すぐ荷物をまとめて帰郷することにした。帰路は、東海道をたどって陸路、京都へでる計画だった。この時は、新橋から横浜まで陸蒸汽で行き、あとは徒歩でいった。ときおり、人力車や馬車を利用した。

一週間ほどかかって関ケ原につくと、私は伊吹山に登ってみたくなり、他の者と京都の三条の宿で待ち合わす約束をして、ひとりで伊吹山に向かった。伊吹山の麓で、薬業を営む人の家に泊り、山を案内してもらった。伊吹山には、いろいろ珍しい植物が生えていたのでさかんに採集した。しかし、その頃は胴籃という採集具がなかったので、採集した植物は紙の間にはさんで整理した。伊吹山では、イブキスミレという珍しい植物を発見した。

この時、あまり沢山採集したので、荷物が山のようになり持運びに困ってしまった。泊った家の庭先に積んであったアベマキの薪まで、珍しいので荷物の中にしまいこんだ。

伊吹山からは、長浜へでて、琵琶湖を汽船で渡り、大津へでて、京都へ入った。そして三条の宿で連れと一緒になって、無事に佐川に帰ってきた。

狸の巣

明治十七年、再度上京して東京に居を定めた私は、飯田町の山田顕義という政府の高官の屋敷近くに下宿を見つけた。当時、下宿代は月四円であった。

下宿の私の部屋は、採集した植物や、新聞紙や、泥などが一面に散らかっていたので、「牧野の部屋はまるで狸の巣のようだ」とよくいわれたものである。

私は幸連にも、東京大学の植物学教室に出入りを許され、研究上の便宜を与えられていた。この狸の巣には、植物学の松村任三先生や、動物学の石川千代松先生なども よく訪ねてきた。

とりわけ、しばしばやってきたのは、その頃、まだ植物学科の学生だった池野成一郎であった。

池野は、私の下宿にくると、さっそく上衣を脱ぎ、両足を高く床柱にもたせて、頭を下にしながら、無遠慮にふるまった。それほど、ふたりは親しかったのである。

その頃、本郷の春木町に、梅月という菓子屋があって、「ドウラン」と呼ぶ栗饅頭みたいな菓子を売っていた。形が煙草入れの胴乱みたいな菓子で、この名があった。この菓子はたいそううまかったので、池野とふたりでよく食ったものである。

池野成一郎はすこぶる頭のよい男で、外国語の天才だった。特にフランス語はうまかった。英語などは、ちょっとの間に便所で用を足しながら憶えてしまった。

その頃、わたしは、東京の生活が飽きると、郷里に帰り、郷里の生活が退屈になると、また東京の狸の巣に戻るというぐあいに、だいたい一年ごとに郷里と東京との間を往復してくらしていた。

私の下宿によく遊びにきた友人に、市川延次郎（後に田中と改姓）と染谷徳五郎というふたりの男がいた。共に東京大学の植物学教室の選科の学生だった。

市川延次郎は、器用な男で、なかなか通人でもあった。染谷徳五郎は筆をもつのが好きな男だった。私は、この人とはきわめて懇意にしていた。

市川延次郎の家は、千住大橋にあり、酒店だったが、私はよく市川の家に遊びに出かけて、一緒に好物のスキヤキをつついたものだ。

ある時、市川、染谷、私の三人で相談の結果、植物の雑誌を刊行しようということになった。

三人で、原稿を書き、体裁もできたので、いよいよこれを出版することになった。そこで一応、植物学教室の矢田部教授に諒解を求めておかねばならんと思い、矢田部教授にこの旨を伝えた。

矢田部教授は、大賛成で、この雑誌を、東京植物学会の機関誌にしたいという意見だった。

このようにして、明治二十一年、私たち三人の作った雑誌が土台となり、矢田部教授の手がこれに加わり、「植物学雑誌」創刊号が発刊されることになった。

当時、この種の学術雑誌としては、わずかに「東洋学芸雑誌」があるのみであった。白井光太郎などは、この雑誌が続けばよいと危惧の念を抱いていたようだ。

「植物学雑誌」が発刊されると、間もなく、「動物学雑誌」、「人類学雑誌」などが相ついで発刊されることになった。

私は思うに、「植物学雑誌」は武士であり、「動物学雑誌」の方は町人であったと思う。というわけは「植物学雑誌」の方は文章も雅文体で、精錬されていたが、「動物学雑誌」の方は文章も幼稚で、はるかに下手であったからである。

そして、「植物学雑誌」の編集方法として、一年交代に編集幹事をおくことにした。堀正太郎君が編集幹事をしたときなどは、横書きを主張し、同君の編集した一カ年だけは雑誌が横書きになっている。

雑誌は各ページ、子持線《こもちせん》で囲まれ、きちんとしていて気持がよかった。そのうえ、いつの間にか、この囲み線は廃止されたが、私は今でも雑誌は囲み線で囲まれている方がよいと思っている。

私は、狸の巣で、さかんにこの植物学雑誌に載せる論文を書いた。

また、私は、植物の知識がふえるにつけ、自分の手で「日本植物誌」を編纂してみようと思い立った。

植物の図や、文章を書くことは、別に支障はなかったが、これを版にするについて困難があった。

私ははじめ、これを郷里の土佐で出版する考えであった。そのためには、自身印刷の技術を心得ていなければいけんと思い、一年間、神田錦町の小さな石版屋に通って、石版印刷の技術を習得した。そして、石版印刷の機械も一台購入して、これを郷里に送っておいた。

しかし、その後、出版はやはり東京でやる方がなにかと便利だと気付き、郷里でやる計画は中止した。

この志は、明治二十一年十一月に結実し、私は「日本植物志図篇第一巻第一集」を自力で出版した。私の考えでは、図の方が文章より早わかりがすると思ったので、まず図篇の方を先に出版したわけであった。

この出版は、私にとってはまったく苦心の結晶であった。私は、これは世に誇り得るものと自負している。

三好学博士のこと

日本の植物学に、生理学、生態学を導入した功労者三好学博士は、サクラの博士としても名高いが、私は三好学とは、青年時代からの親友だった。

私が、東京大学の植物学教室に出入りをはじめたころ、三好学、岡村金太郎などはまだ学生だった。三好と私は仲がよかった。

三好はどちらかというと、もちもちした人づきの悪い男だったが、いたって気のいい男だった。

肌の男だった。

　岡村金太郎の方は、三好とは正反対の性格できわめてさらさらした男で、江戸っ子肌の男だった。

　この三好と岡村はよく喧嘩をした。ある時、岡村が書庫の鍵を失くして困っていたことがあった。ところが三好がこれを矢田部教授にいいつけたとかで、二人はえらい大喧嘩をしたことがあった。わたしは、いつも喧嘩の仲裁役だった。

　私は、三好といっしょによく東京近郊へ植物採集にでかけた。あるとき、三好の同郷の森吉太郎という男が上京してきたおり、三人で平林寺に植物採集にでかけたことがあった。

　その頃は、交通はまったく不便で、西片町の三好の家から出発して、白子、野火止《のびどめ》、膝折をへて、平林寺にでるというコースで、往復十里余も歩いた。

　この時、平林寺の附近で、「カガリビソウ」をはじめて採集したことを憶えている、私はこの草をこのときはじめて見た。四国にはない草だからである。このとき、三好は、この草を見るとすぐ「それは、カガリビソウだろ」といったのには驚いた。

池野成一郎博士のこと

　昭和十三年、東京日日新聞社で「友を語る」という題で、四方諸士からの投稿を求めたことがあった。私もこの依頼に応じて一拙文を提出し、それが同新聞紙上に載ったのは四月二十三日だった。そのとき、こんなことを書いた。

今から、五十三年前明治十八年に、はじめて植物学の卒業生を出した東大の植物学教室は、今日にいたるまでおよそ三百人に近い植物学専門の理学士を製造した。その中に、明治二十三年に卒業した、理学博士の池野成一郎があった。

私は、明治二十六年に招かれて民間から入って同大学の助手となったが、それより前、明治十七年以来、同教室の人々とはみな友達であった。その中でも、池野君とは、お互いに隔てがなく、最も親しく交際した。これはたぶん両人がなんとなく自然に気が合っていたからであろう。いわゆる意気投合ということか。ときどき、相携えて東京の郊外へ植物の採集にでかけ、明治二十一年日本に産することが初めて分かったアズマツメクサも池野君と私とが大箕谷《おおみや》八幡下の田圃で一緒に見付けたものだ。

君が卒業した年の秋、ふたりで東京を立って採集のため東北地方へ向かったが、おりからの出水で汽車が不通となり、やむを得ず小山駅から水戸に出で磐城を北へ北へと歩いて仙台に着き、ついに陸中の栗駒山に登ったこともあった。日が暮れて、水戸からおよそ七里ほど北の下孫というところのいぶせき宿屋に宿り、平潟で旅宿の女中が茶代をちょろまかしたこと、磐城の湯本の宿屋で、これはここで一番上等だといって黒砂糖で製した駄菓子を出してくれたことなどがあって、今でも話のたねとなっている。

同君は非常によく学問のできる秀でた頭脳の持主で、かのソテツの精虫の発見は有名な業績であり、平瀬作五郎君のイチョウの精虫発見もじつは池野君に負うところが少なくなかった。同君は優秀なる学識の上に、なお仏、独、英等の語に精通し、今ではもっぱら学術研究会議発行の国際的な「日本植物学輯報」の編輯に従事せられ、また帝国学士院の会員でもある。

池野君は初めから私に対し人一倍親切であった。それゆえ私も同君に対しては最も親しみを感じていた。私がまだ大学の職員とならぬ前、民間にあって「日本植物志」の書物を著わし、これを発行している際、それは明治二十四年の頃であったが、当時の大学教授矢田部良吉博士の圧迫を受け、私はこれに対抗して奮戦し、右の著書を続刊したことがあって、当時その書につき私は同君の大なる助力を受けた。かく私に対して同情せられた君の友誼は、いつまでも忘れ得ないものである。

同君は卒業後、めったに大学の植物教室へは見えなかったが、たまには来られた。同君は「僕は牧野君がいるから、それで行くので」といっておられたことを、私は他から聞いて、この上もなくうれしく感じ、ひとり同君を頼もしく思った。

同君はすこぶる菓子好きで、十や二十をぱくつくことなどはなんのぞうさもなかった。また食べる速力がとても早くて、一緒に相対して牛鍋をつつき合うとき、こちらが油断していると、みな同君にしてやられてしまう危険率が多かった。

同君は、不幸にして昭和十八年十月四日ついに歿した。年は七十八歳だった。私は同君が亡くなる数日前、野原茂六博士と計り同君の大好物だった虎屋の餅菓子一折を携えて同君を見舞ったおり、さっそく一個つまんで口にし、余りは後刻の楽しみにしようといって、これを看護婦に預けられたので、われわれ両人はともどもまことに嬉しかったのが、今もって想い出される。

破門草事件

明治十九年頃までは、日本の植物学者は新種の植物を発見しても、自らこれに学名をつけることをせず、ロシアの植物学者マキシモウィッチ教授へ、標品を送って、学名をきめてもらっていた。

その頃、有名な「破門草事件」という事件があった。ことの真相を知っているのは、今日では私ひとりであろう。

ある時、矢田部良吉教授が戸隠山で採集した「トガクシショウマ」の標品を、マキシモウィッチ教授に送って、学名を付してもらうことにした。マキシモウィッチ教授は、この植物を研究したところ、新種であったので、この植物に「ヤタベア・ジャポニカ」という学名を付した。ヤタベアというのは発見者矢田部教授の名にちなんでの命名であった。そして、もすこし材料が欲しいから標品を送るようにという手紙が、東京大学の植物学教室にとどいた。

マキシモウィッチ教授から、このような手紙が矢田部教授に来たことを、教室の大久保三郎が、伊藤篤太郎にもらした。伊藤篤太郎はその頃よく教室に出入りしていた人である。

大久保三郎は、伊藤の性質をよく知っているので、「この手紙を見せてやるが、お前が先に学名を付けたりしない」という約束をさせた。

ところが、その後三カ月ほど経って、イギリスの植物学雑誌「ジョーナル・オブ・ボタニイ」誌上に、トガクシショウマに関し、伊藤篤太郎が、報告文を載せ、トガクシショウマに対し「ランザニア・ジャポニカ」なる学名を付して公表してしまった。

これを見て激怒したのは矢田部教授であり、違約を知って驚いたのは大久保三郎であった。

あげくの果て、伊藤篤太郎は教室出入りを禁ぜられてしまった。

このことから「トガクシショウマ」の事をいつしか「破門草」というようになったのである。

私は伊藤篤太郎は、たしかに徳義上はなはだよろしくないと思うが、しかし同情すべき点もあったと思う。

このトガクシショウマは、矢田部教授が戸隠山で採集する以前に、すでに伊藤篤太郎がこの植物のことを知っていたのである。そしてこのトガクシショウマに対して「ポドフィルム・ジャポニクム」なる名を付して、ロシアの雑誌にのせていたのである。伊藤にしてみれば、自分が発見し、研究した植物が矢田部教授に横取りされて、「ヤタベア」などという学名をつけられたのでは、心中すこぶる穏やかでなかったのであろう。

イチョウ騒動

夢想だにもしなかったイチョウに精虫があるとの、日本人の日本での発見はまさに青天の霹靂で、天下の学者をアッと驚倒せしめた学界の一大珍事であった。

このため、従来平凡に松柏科中に伍していたイチョウがたちまち一躍して、独立してイチョウ科ができるやら、イチョウ門ができるやら、イヤハヤ大いに世界を騒がせたもんだ。そして、この精虫をはじめて発見した人は、東京大学理科大学植物学教室に勤めていた、一画工の平瀬作五郎であって、その発見は、実に明治二十九年（一八九六年）の九月で、今からちょうど六十年前のことである。

こんな重大な世界的発見をしたのだから、ふつうならむろん平瀬氏は、易々《やすやす》と博士号をもらえる資格があるといってもよいのであったが、世事魔多く、底には底があって、不幸にもその栄冠をかち得なかったばかりでなく、たちまち策動者の犠牲となって、江州は琵琶湖畔彦根町にある彦根中学校の教師として遠く左遷せられる憂き目をみたのは、憐れというも愚かな話であった。

けれども、赫々《かくかく》たるその功績は没すべくもなく、公刊せられた「大学紀要」上における その論文は、燦然としていつまでも光彩を放っている。むべなるかな、のち明治四十五年（一九一二年）に帝国学士院から恩賜賞ならびに賞金を授与せられる光栄を担った。

このイチョウの実の中にある精虫を発見したその材料の木、すなわち眼を傷つけてまで、その実を自分で採集したその木は、大学附属の小石川植物園に高く聳立《しようりつ》するイチョウの大木であった。その木はこの由緒ある記念樹として、今なお活きて繁茂し、初冬にはその葉色黄変してすこぶる壮観を呈するのである。

矢田部教授の溺死

明治初年、東京大学創設に当たって、植物学主任教授として、日本の植物界に君臨していたのは矢田部良吉教授であった。

その頃、東京大学の植物学教室は、「青長屋」と呼ばれていた。植物学教室には、矢田部良吉教授、松村任三助教授、大久保三郎助手の三人の植物学者がいた。

私が土佐の山奥から、上京して、この植物学教室に出入りするようになったのは明治十七年のことであったが、その頃、この教室の学生には、三好学、岡村金太郎、池野成一郎などがいた。

矢田部教授は、「四国の山奥から、えらく植物に熱心な男がでてきた」というわけで、非常に私を歓迎してくれ、自宅で御馳走になったこともあった。

ところが、明治二十三年頃、矢田部教授は突然、私に宣告して言うには、

「お前はちかごろ、日本植物志を刊行しているが、わしも同じような本を出版しようと思うから、今後お前には教室の書物も、標本も見せるわけにはいかない」

というのである。私は呆然としてしまった。私は、麹町富士見町の矢田部教授宅を訪ね、

「今、日本には植物を研究する人はきわめて少数である。その中のひとりでも圧迫して、研究を封ずるようなことをしては、日本の植物学にとって損失であるから、私に教室の本や標品を見せんということは、撤回してくれ、また、先輩は後進を引立てるのが義務ではないか」

と、言葉を尽して懇願したが、矢田部教授は頑として聴かず、「西洋でも、一つの仕事のでき上がるまでは、他には見せんのがしきたりだから、自分が仕事をやる間は、お前は教室に来てはならん」と、けんもほろろに拒絶された。私は、大学の職員でもなく、また学生でもなく、ただ矢田部教授の好意によって、教室出入りを許されていただけなので、この拒絶にあえば、自説を固持するわけにはいかなくなったので、悄然として「狸の巣」といわれた私の下宿にもどり、くやし泣きに泣いた。

矢田部良吉博士は、嘉永四年（一八五一年）に伊豆韮山に江川太郎左衛門に仕えた蘭学者を父として生まれ、明治三年に開成学校の職を辞して外務省に入り、森有礼に従って外山正一とともに渡米した。そして、明治六年九月、留学生としてアメリカ合衆国コーネル大学に入学した。

矢田部はそこでハックスレーの植物学を修め、明治九年帰朝した。彼は、帰朝するや、かつて勤務していた開成学校に一時復職したが、東京大学創設に当たって、理学部教授となり、進化論を日本に移植した人である。

私は、植物教室出入りを禁ぜられて、むなしく郷里に引きこもっていた明治二十五年、突然矢田部教授は、罷職《ひしょく》に付された。

時の東京大学総長菊池大麓は、突如矢田部教授罷免の処置にでたが、これは矢田部良吉との権力争いであったと伝えられる。

大学教授を罷免された矢田部博士は、木から落ちた猿も同然で、まったく気の毒であった。

矢田部失脚の遠因は、いろいろ伝えられている。矢田部博士は外遊によって、なかなかの西洋かぶれとなり、鹿鳴館に通ってダンスに熱中したりしていたが、そのころ兼職で校長をしていた一つ橋の高等女学校（お茶の水大学の前身）の教え子の美人女学生を妻君に迎えたり、「国の基」という雑誌に「良人を択ぶには、よろしく理学士か、教育者でなければいかん」という無茶な論説をかかげて物議を醸《かも》したりしていた。

当時の「毎日新聞」には矢田部良吉をモデルにした小説が連載され、挿絵まで入っていた。

大学を追われた矢田部博士は、高等師範学校（今の教育大学の前身）の校長になった。彼はさかんにローマ字運動を行なっていた。

ところが、明治三十二年の夏、鎌倉の海で水泳中、溺死し、非業の最期を遂げた。ことのいきさつは、ともかくとして、私は矢田部博士の死を惜しむ気持で一ぱいだった。学問上の競争相手としての矢田部博士を失ったことは、なんとしても遺憾であった。

なお、矢田部博士の令息は、音楽界に名を知られた矢田部圭吉氏である。

矢田部博士、罷免のことがあった直後、私は、大学に迎えられて、月俸十五円の東京帝国大学助手に任ぜられることになった。

西洋音楽事始め

東京大学植物学教室の出入りを禁ぜられて、悄然と郷里に帰った私は、郷土の植物採集に熱中していたが、ある日、知り合いの新聞記者に誘われて、高知女子師範学校にでかけていった。

この頃、西洋音楽というものはすこぶる珍しいものであったが、高知女子師範学校にはじめて西洋音楽の教師として、門奈九里という女教師が赴任してきた。そこで、この先生の唱歌の授業を参観にでかけたわけであった。

私は、この音楽の練習を聴いていると、拍子のとり方からして、間違っていることを感じた。

「これはいけん。こういう間違った音楽を、土佐の人に教えられては、土佐に間違った音楽が普及してしまう」と思って、さっそく、村岡という師範学校長へこの旨を進言した。ところが、村岡校長は、一介の書生である私の言のごときにはまったく耳を傾けなかったので私は、「よしそれなら、正しい西洋音楽を身をもって示してやろう」

と考え、高知音楽会なるものを創立した。

この高知音楽会には、男女二、三十人の音楽愛好家が集まった。幸い、高知の本町に、満森徳治という弁護士の家があり、ここには当時めったになかったピアノが一台あったので、ここを練習場にした。

会員のなかには、オルガンを持ちこんだりする者もあった。そしてまた手わけしていろいろの楽譜を集めた。

私はこの高知音楽会の指導者であった。まず唱歌の練習からはじめた。唱歌といっても、軍歌だろうが、小学唱歌だろうが、中等唱歌集だろうが、何でもかまわず、大いに歌いまくって、気勢をあげた。

ある時は、お寺を借りて、音楽大会を催した。会場には、ピアノを据えつけ、会員が段上に並び、私がタクトを振って指揮した。

開闢《かいびやく》以来、土佐で音楽会が開かれたのはこれが初めてであったので、大勢の人々が、好奇心にかられて参会し、この音楽会はすこぶる盛大であった。

この間、私は、高知の延命館という一流の宿屋に陣取っていた。そのためだいぶ散財してしまった。

こうして、明治二十五年は高知で西洋音楽普及のために狂奔して、夢のように過ごしてしまった。

その後、上京したおり、東京上野の音楽学校の校長をしていた村岡範一氏や、同校の有力教授に運動して、優秀な音楽教師を土佐に送るように懇請した結果、新しい教師が派遣されることになり、気の毒ではあったが門奈九里女史は、高知を去ることになった。

というわけで、私は郷里土佐にはじめて西洋音楽を普及させた功労者であると自負している。

ロシア亡命計画

矢田部教授から、植物学教室出入りを禁ぜられて、途方に暮れていた私は、思いきってロシアに行こうと決心した。ロシアには、マキシモウィッチという植物学者がいて、明治初年に函館に長く居ったのであるが、この人が日本の植物を研究して、その著述も大部分進んでいるということであった。私は、これまでこの人に植物標品を送って、種々名称など教えてもらっていたが、私の送る標品にはたいへん珍しいものがあるというので、大いに歓迎してくれ、先方からは同氏の著書などを送ってよこしたりした。このときはいつも教室に一部、私に一部というように特に私に厚意を示してくれた。

この時分には、私もかなり標品を集めていたから、これを全部持って、このマキシモウィッチのもとへ行き、大いに同氏を助けてやろうと考えたのである。

しかし、このロシア行の橋渡しをしてくれる人がないので、私は駿河台のニコライ会堂へ行って、そこの教主に事情を話して頼んだところ、「よろしい」と快諾してくれ、さっそく手紙をやってくれた。

しばらくすると、返事が来たが、それによると、私から依頼が行ったとき、マキシモウィッチは流行性感冒に侵されて病床にあった。そして私がロシアに来ることをたいへん喜んでいてくれたが、不幸にして間もなく長逝してしまったということで、私はこのことを奥さんか、娘さんかからの返書で知ったわけである。

そこで私の、ロシア行きの計画も立ち消えになってしまった。

私は、この悲報を受け取って、何とも言いあらわしようのない深い悲しみと絶望に陥った。私はこのとき、次のような所感を漢詩に託して作った。

所感

専攻《シ》二斯学一願《フ》レ樹レ功
微軀聊期報国忠
人間万事不レ如レ意

一身長在轗軻中
泰西頼見義侠人
憐我哀情傾意待
故国難去幾踟躕
決然欲遠航西海
夜風雨急雨霢霢
義人溘焉逝不還
生前不逢音容絶
胸中欝勃向誰説
天地茫々知己無
今対遺影感転切

このとき、私をはげましてくれたのが池野成一郎だった。彼は私のロシア行に反対していたが、落胆している私の肩を叩いて、勇気づけてくれた。

このとき、もし、マキシモウィッチが病没せず、私が渡露していたら、私の一生はまったく別のものとなっていたであろう。

わが初恋

東京は飯田町の小川小路の道すじに、小沢という小さな菓子屋があった。明治二十一年頃のことで、その頃私は、麴町三番町の若藤宗則という、同郷人の家の二階を借りて住んでいた。私は、この下宿から人力車に乗って九段の坂を下り、今川小路を通って本郷の植物学教室へ通っていた。そのとき、いつもこの菓子屋の前を通った。

この小さな菓子屋の店先に、ときどき美しい娘が坐っていた。

私は、酒も、煙草も飲まないが、菓子は大好物であった。そこで、自然と菓子屋が目についた。そして、この美しい娘を見そめてしまった。

私は、人力車をとめて、菓子を買いにこの店に立寄った。そうこうするうちに、この娘が日増しに好きになった。その頃の娘は今とちがって、知らない男などとは、容易に口もきかないものだった。私は悶々として、恋心を燃やした。

私が、娘に話しかけようとすると、まっ赤な顔をしてうつむいてしまうのだった。

こうして、毎日のように菓子屋通いがはじまった。

その頃、私は神田錦町の石版屋に通って、石版印刷の技術を習っていたが、この石版屋の主人の太田という男に頼みこんで、娘を口説いてもらうことにした。

石版屋の主人はさっそく、私のこの願いをききいれ、小沢菓子店におもむいて、娘の母親に会ってくれた。

私は、くびを長くしてその報告を待っていた。

石版屋のはなしによると、娘の名は寿衛子《すえこ》といい、父は彦根藩主井伊家の家臣で小沢一政といい、維新以後は陸軍の営繕部に勤務していたが、数年前亡くなったということであった。寿衛子はその次女だった。

寿衛子の父の在命中は、小沢家の邸は、表は飯田町六丁目通りから、裏はお濠《ほり》の土手までつづく広大なもので、生活もゆたかであり、寿衛子も踊りや唄のけいこに毎日を送るなに不自由ない令嬢だったということだった。それが父の死によって、広大な邸宅も人手に渡ることになり、京都生まれの勝気な母は、大勢の子供を細腕一つで養うために、菓子屋を営んでいるという次第だった。

石版屋の主人の努力によって、この縁談はすらすらとはこび、私たちは結婚した。そして、新居を根岸の村岡家の離れに構えた。明治二十三年のことだった。

ムジナモ発見物語

じっとしていて静かに往時を追懐してみると、次から次に、あのことこのことと、いろいろ過去の事件が思い出される、何を言え九十余年の長い歳月のことであれば、そうあるべきであるはずなのである。

しかし、ふつうのありふれた事柄は、たとえ実践してきた自身のみには、多少の趣はあるとしても、他人には別にさほどの興味も与えまいから、そこで私はその思い出すものが、広く中外の学界に対して、いささか反響のあったことについて回顧し、少しくその思い出を書いて見ようと思う。それは、ときどき思い出しては忘れもしないムジナモなる世界的珍奇な水草を、わが日本で最初に私が発見した物語である。

今から、およそ六十年ほど前のこと、明治二十三年、ハルセミはもはやほとんど鳴き尽してどこを見ても、青葉若葉の五月十一日のこと、私はヤナギの実の標本を採らんがために、一人で東京を東にへだたる三里ばかりの、元の南葛飾郡の小岩村伊予田におもむいた。

江戸川の土堤内の田間に一つの用水池があった。この用水池は、今はその跡形もなくなっている。この用水池の周囲にヤナギの木が繁っていて、その小池をおおうていた。私はそこのヤナギの木によりかかって、その枝を折りつつ、ふと下の水面に眼を投げたせつな、異形な物が水中に浮遊しているではないか。

「はて、なんであろうか」と、さっそくこれをすくい採って見たら、いっこうに見慣れぬ一つの水草であったので、そうそう東京に戻って、すぐさま、大学の植物学教室

(当時のいわゆる青長屋)に持ち行き、同室の人々にこの珍物を見せたところ、みな「これは?」と驚いてしまった。

時の教授矢田部良吉博士が、この植物につき、書物(たぶんダーウィンの「インセクチヴホラス・プランツ」であったろう)の中で、何か思いあたることがあるとて、その書物でその学名を捜してくれたので、そこでそれが世界で有名なアルドロヴァンダ・ベンクローサであることが分かった。

この植物は、植物学上イシモチソウ科に属する著名な食虫植物で、カスパリーやダーウィンなどによって、詳《つまび》らかに研究されたものであった。しかし、この植物は、世界にそうたくさんはなく、ただわずかに欧州の一部、インドの一部、濠洲の一部にのみ知られていたが、今回意外にもかくわが日本で発見せられたので、ここに新しく一つの産地がふえたわけだ。その後、さらにシベリア東部の黒竜江の一部にもこれを産することが分かり、ついに世界の産地がとびとびに五カ所になった。

日本では、上記の小岩村での発見後、それが利根川流域の地に産することが明らかとなり、さらに大正十四年一月二十日に山城の巨椋《おぐら》池でも見出された。この発見者は当時京都大学の学生だった三木茂博士であった。この池のムジナモは干拓のため不幸にして、その影響をこうむり、惜しいことには、ついに絶滅してしまった。

ムジナモは「貉藻」の意で、その発見直後、私のつけた新和名であった。すなわちそれはその獣尾の姿をして水中に浮かんでおり、かつこれが食虫植物であるので、かたがたこんな和名を下したのであった。

このムジナモは緑色で、いっこうに根はなく、幾日となく水面近くに浮かんで横たわり、まことに奇態な姿を呈している水草である。一条の茎が中央にあって、その周囲に幾層の車輻状をなしてたくさんな葉がついているが、その冬葉には端に二枚貝状の嚢《ふくろ》がついていて、水中の虫を捕え、これを消化して自家の養分にしているのである。ゆえに、根はまったく不用ゆえ、もとよりそれを備えていない。また、葉のさきには四、五本の鬚がある。

前に書いたように、明治二十三年五月十一日にこのムジナモが発見せられた直後、私はこの植物のもっとも精密な図を作らんと企てた時に当たって、不幸にして私にとってははなはだ悲しむべき事件が、私と矢田部教授との間に起こった。

その時分、私は「日本植物志図篇」と題する書物を続刊していたが、にわかに矢田部氏が私とほぼ同様な書物を出すことを計画し、私は全然植物学教室の出入りを禁じられてしまった。

そのときは、まだ私が大学の職員にならん前であったが、どうも仕方がないので止むを得ず、私は、農科大学の植物学教室に行って、このムジナモの写生図を完成した。

後に、それを「植物学雑誌」で世界に向かって発表した。そして、このムジナモはわが国の植物界でもきわめて珍しい食虫植物として、いろいろの書物に掲げられて、日本でも名高い植物の一つとなった。

ここに、このムジナモについて、特筆すべき一つの事実がある。それは世界に向かって誇ってもよい事柄である。すなわち、それはこの植物が、日本において特に立派に花を開くことである。私はこれを、明瞭にかつ詳細に私の写生図の中へ描き込んでおいた。

どうした理由のものか、欧洲、インド、濠洲等のこのムジナモには、確かに花が出るには出るが、いっこうにそれが咲かないで、単に帽子のような姿をなし、閉じたまま済んでしまう。ところが、日本のものは、立派に花を開く。

そこで、私の写生した図の中の花が、欧洲の学者へはきわめて珍しく感じたわけであろう、後にドイツで発刊された世界的な植物分類書エングラー監修のかの有名な「ダス・プランツェンライヒ」にはその開いた花の図を、上の私の写生図から転載して、私の名とともにこの檜舞台へ登場させてあった。

私は、これを見て、かつて私の苦難の中でできた図が、かくも世界に権威ある書物に載せらるるのは、面目この上もないことであると、ひそかに喜んだ次第である。

貧乏物語

大学の助手に任ぜられた私は、初給十五円を得ていたが、なにせ、いかに物価が安い時代とはいえ、一家の食費にもこと足りない有様だった。

その頃、家の財産もほとんど失くなり、すかんぴんになっていた。私は元来、酒屋の一人息子として鷹揚に育ってきたので、十五円の月給だけで暮らすことは容易ではなかった。借金もたまり、にっちもさっちもいかなくなってしまった。

結婚して以来、子供がつぎつぎに生まれ、暮しは日増しに苦しくなった。月給はいっこう上がらず、財産は費い果たして一文の貯えもない状態だったので、食うために仕方なく借金をつづけた。そのため毎月、利子の支払いに苦しめられた。

執達吏にはたびたび見舞われた。私の神聖な研究室を蹂躙されたことも一度や、二度ではなかった。私は、積み上げたおびただしい植物標品、書籍の間に坐して茫然として、執達吏たちの所業を見まもるばかりだった。一度などは、ついに家財道具の一切が競売に付されてしまい、翌日は、食事をするにも食卓もない有様だった。

この頃、こんなことがあった。私が大学から帰ってくると、家の門に赤旗がでていると、これは借金取りが来ている危険信号であった。この赤旗を見ると、私は、その辺をぶらぶらして、借金取りの帰るのを待っていた。そして、赤旗がなくなると、やっと家へ入るようにした。鬼のような借金取りとの応待はいっさい女房がやってくれた。

家賃もとどこおりがちで、しばしば家主から追い立てを喰った。止むなく引っ越しをせざるを得なくなるはめに立ちいたったことも再三再四であった。

なにしろ、子供が多く大世帯なので二間や、三間の小さな家に住むわけにもいかず、なかなか手頃な家が見つからなかった。標品をしまうには少なくとも八畳二間が必要ときているので、適当な大きさの貸家で、家賃の安い家を探すのにはほとほと困惑した。

その間、私の妻は、私のような働きのない主人に愛想をつかさずよくつとめてくれた。私のごとき貧乏学者に嫁いで来たのも因果と思ってあきらめたのか、嫁に来たての若いころから、芝居も見たいといったこともなく、流行の帯一本欲しいと言わなかった。

妻は、女らしい要求の一切を捨てて、蔭になり、日向になって、絶えず私の力になって尽してくれた。

この苦境の中に、大勢の子供たちに、ひもじい思いをさせないで、とにかく学者の子として育て上げることはまったく並たいていの苦労ではなかったろうと思い、これを思うと今でも妻が可哀そうでならない。

私は、この苦労をよそに、研究に没頭していた。しかし、明日はいよいよ家財道具の一切が競売に付されるという前の晩などは、さすがに頭の中が混乱して、論文を書くことも容易ではなかった。この苦境時代、歯を喰いしばって、書きつづけた千ページ以上の論文が、後に私の学位論文となったものである。

その頃、東京大学法科の教授をしていた法学博士の土方寧《やすし》君は、私のこの窮状を見かねて努力してくれた。土方博士は、私と同郷の佐川町出身の学者である。

時の大学総長浜尾新博士は、土方教授から私のことをきき、ある日私を呼んで、

「君の窮状はよく判るが、大学には他にも助手は大勢いるのだから、君だけ給料を上げてやるわけにはいかん。しかし、何か別の仕事を与えて、特別に手当を出すように取りはからってやろう」

と、いわれた。

そして、東京大学から「大日本植物志」が出版されることになり、私がこれをひとりで担当することになった。費用は大学紀要の一部から支出された。

私は浜尾総長のこの好意に感激し、「大日本植物志」こそ、私の終生の仕事として、これに魂を打ちこんでやろうと決心した。そして「日本人はこれくらいの立派な仕事ができるのだということを、世界に向かって誇り得るようなものをつくろう」と大い

に意気ごんだ。

ところが、このことは私に対して学者たちの嫉妬の的となった。松村任三教授は、学問の上からも、感情の上からも私に圧迫を加えるようになった。「大日本植物志」はあまり大きすぎて持ち運びが不便だとか、また文章が牛の小便のように長たらしいから、縮めねばいかんとかいうけちをつけられた。

そのうち、松村教授は、「大日本植物志は牧野以外の者にも書かすべきだ」といいだした。

しかし、私は、これは元来私一人のためにできたものだと承知していたので、浜尾総長に相談したところ、「それは、牧野一人の仕事だ」と言明されたので、松村教授の言を拒否した。

しかし、この「大日本植物志」は第四集まで出版されたが、四囲の情勢がきわめて面白くなくなったので、中絶の止むなきにいたった。

植物学教室の人々の態度はきわめて冷淡なもので、この刊行が中絶したことをひそかに喜んでいるふうにさえ見えた。

そうこうしているうちに理科大学長の箕作学長が亡くなられ、新たに桜井錠二博士が学長に就任された。桜井学長は、私についてはまったく知っておられなかった。

松村教授は私を邪魔者にし、学長に焚き付けて、ついに私を罷免した。こうして、私は大学を追われる身となってしまった。

しかし、植物学教室の矢部吉貞、服部広太郎の両君などは、この免職を承服せず「自分らが何とか計らうから、お前は黙っていろ」といった。

松村教授は、元来決して悪い人間ではなく、むしろきわめて人が善いのだが、側から焚きつけられるとその気になりやすい人だった。このとき、平瀬作五郎などはこの焚き付け役だった。

しかし、教室の中には「松村教授は、狭量で智恵が足りない、なぜ牧野を味方にしないのか」という声もあった。

私が大学を追われるにいたったには、松村教授夫人の主張があったようである。というのは、私の結婚直後、家内が一時里に帰っていたことがある。その時、松村教授の奥さんが、その縁者の娘を私にもらってくれと言ってきたことがある。夫人は、牧野を身内にして松村を助けてもらおうという考えであったようである。しかし、私はこの縁談を断わった。そのため夫人は怒って、私の追出しをそそのかしたのだとも思う。

東京大学助手を罷免された私は、まもなく大学講師として復活することができた。これは、矢部、服部両者の尽力のおかげだった。講師になると月給三十円に昇格した。

やがて、五島清太郎博士が学長になられたが、五島学長は私に非常に好意を示された。

私の罷免事件に当たり私のために尽力してくれた服部広太郎博士に関しては愉快な思い出がある。

服部広太郎博士は現在、皇居において陛下の生物学御研究所の御用掛りとして活躍しておられるが、昔からすこぶるハイカラであった。ハイカラというように、事実、すこぶる高いカラーをしていた。

ある時、私が旅行の帰途、奮発して一等車に乗ってみたことがあった。「牧野はいつも貧乏で、三等車にしか乗れない」と思われているので、たまにはと思って一等車を奮発してみたわけである。

私が意気揚々と一等車に乗りこんで、ふんぞり返っていると、偶然途中から服部広太郎君が一等車に乗ってきた。そして、たちまち発見されてしまい、「これは一大珍事」とばかり、宣伝されてしまった。

そうこうしているうちに、財政はますますどん詰まって、ついに植物標本も売り払わなければならないはめに立ちいたった。

その時、渡辺忠吾という人があって、私の窮状を心配してくれ、朝日新聞に私の窮乏状態を書いて世間に発表した。

この時、この新聞記事を見て、救いの手を私に差しのべてくれた人がふたりある。

ひとりは、久原房之助氏であり、他のひとりは神戸の池長孟《はじめ》氏であった。また、この時、私のために尽力してくれた人が、大阪朝日の長谷川如是閑氏と、東京朝日の如是閑氏の令兄、長谷川松之助氏とであった。

朝日新聞社からは、久原房之助氏は金はあるが家が組織立っているので自由がきかぬ嫌いもあるから、多額納税者の池長孟氏の方がなにかと好都合かもしれないといってきた。

こうして、私は池長孟氏の援助を受けることになった。その当時池長氏はまだ京都大学の法科の学生だった。池長氏は私の借財全部を返済してくれたり、親身になって尽してくれた。そして、池長研究所をつくり、ここに私の植物標品を保管することになった。しかし、その後、池長氏の母上が私に金を出すことを嫌い、この研究所での仕事は停止してしまった。しかし、私はこの池長氏の財政援助でやっと苦境を切りぬけることができたのである。

すえ子笹

昭和三年二月二十三日、わが妻寿衛子は五十五歳で永眠した。病原不明の死だった。病原不明では、治療しようもなかった。世間には他にも同じ病の人もあることと思い、その患部を大学へ寄贈しておいた。

妻が重態のとき、仙台からもって来た笹に新種があったので、私はこれに「スエコザサ」の名を付し、「ササ・スエコヤナ」なる学名を付して、発表し、この名は永久に残ることとなった。この笹は、他の笹とはかなり異なるものである。

私は、このスエコザサを妻の墓に植えてやろうと思い、庭に移植しておいたが、今ではそれがよく繁茂している。

妻の墓は、今、下谷谷中の天王寺墓地にあり、その墓碑の表面には、私の詠んだ句が二つ、亡き妻への長《とこ》しなえの感謝として深く深く刻んである。

　家守りし妻の恵みやわが学び

　世の中のあらん限りやスエコ笹

妻は、今、私の棲んでいる東大泉の家に、ゆくゆくは立派な植物標品館を建て、これを中心に牧野植物園をこしらえてみせるという理想をもって、大いに張り切っていたのであったが、これもとうとう妻のはかない夢として終わってしまった。今の家ができて、喜ぶ間もなく妻はなくなってしまったからである。

しかし、私は、いつの日か、妻の理想が実現できると信じている。

哀しき春の七草

「植物研究雑誌」が経済的な難局に打ち当たり刊行が困難となったおり、私は偶然、成蹊学園を主宰しておられた中村春二さんの知遇を得ることとなり、同誌は廃刊の憂き目をまぬがれることができた。これはこんないきさつであった。

大正十一年七月、私は成蹊高等女学校の生徒に野州の日光山で植物採集を指導することを依嘱せられ、同校職員生徒とともに同山におもむいたおり、中村さんに親炙《しんしゃ》する機会に逢着したわけである。

そのとき、日光湯本温泉の板屋旅館を根拠として毎日採集を行なった。宿の一棟には生徒たちが入り、二階に私と中村さんが間をとった。このとき、部屋が隣なので私は中村さんといろいろな物語を交した。

私は身の上ばなしや、植物研究雑誌のことなどを話すと、中村さんはよくこれを聴かれ、あつき同情の心を寄せられた。そして、植物研究雑誌に対し援助を与えられることになった。このときの同誌に私は、

「本誌は、中村春二氏の厚誼により枯草の雨に逢い、轍鮒《てつぷ》の水を得たる幸運に際会することを得、秋風蕭殺たる境から、急に春風駘蕩の場に転じた」

と、書いて厚くその友誼を謝した。

同氏はまた「日本植物図説」刊行のため、毎月数百円の金子を私のために支出してくれた。この援助によってできた図は八十枚ほどある。この図説刊行は、もっか私の終生の念願となっている。

大正十三年正月、私は中村さんの病重しとの報をきき、同氏を慰めんものと、正月の一日鎌倉におもむき、春の七草を採集し来たって、いちいちこれに名を付し、籠に盛って病床を訪れた。

中村さんは、涙を流してこれを喜ばれ「正しい春の七草をはじめて見た」といわれ、七草がゆにする前にしばらく床の間に飾ってこれを楽しまれたという。その後まもなく、二月二十一日、同氏は溘焉《こうえん》として長逝された。

中村さんの長逝は、私にとって一大打撃だった。なによりも私の最もよき理解者、心の友を失った悲しみは耐え難いものがあった。中村さんは、死ぬ間ぎわまで私のことを気にかけて、その後継者たるべき校長の某氏を呼んで、「自分亡きあとも、牧野を援助するように」とくれぐれも遺言されたそうであるが、某氏は私に対しては冷淡であり、援助もやがて途絶えてしまった。

中村さんについては次のことを記さねばならない。

それは、同氏没後、同校の生徒をつれて再び日光に行ったおり、同じ宿の二階に校長の某氏と間をとったとき、はじめてそれと気付いて感激したのであるが、二度目に行ったときは、以前中村さんの居られた部屋に私が入り、私の居た部屋に校長が入ったのであるが、私が前に居った部屋は、上等な広々とした部屋であったのに、今度は狭い控えの間であった。思えば、中村さんは、私に客人としての礼を尽され、自らは控えの間に下がって、私に良い部屋を提供してくれたわけであった。私は、校長の某氏が良い部屋に収まり、私を控えの間に入れて平然たるのを見て、世には良くできた人間と、そうでない人間とがあることを痛感したのであった。

私は、敬愛する中村春二さん遺愛の硯を乞い受け今でも座右に置いて、同氏を偲んでいる。

私は同氏の援助によってはじめられた「日本植物図説」の刊行を断固としてやり遂げる決心でいる。私はその巻頭に中村春二さんの遺徳を忍んで、図説刊行の由来を明記し、これを霊前に捧げようと考えている。

なお、私の愛弟子中村浩博士は、この中村春二さんの令息である。

大震災の頃

私は関東大震災の頃は、渋谷の荒木山に居た。私は元来、天変地異というものに非常な興味を持っていた。

　私は、大正十二年九月一日の大震災のときも、これに驚くというよりは、非常な興味を感じた。私は大地の揺れ動くのを心ゆくまで味わっていた。

　当時、私は猿又一つで、標品の整理をしていたが、坐りながら、地震の揺れ具合を観察していた。

　そのうち、隣家の石垣が崩れ出したのを見て、家が潰れてはたいへんと思って、庭にでて、木に摑まっていた。

　妻や娘たちは、家の中に居て出てこなかった。家は、幸いにして多少瓦が落ちた程度だった。余震が恐ろしいといって、みな庭にむしろを敷いて夜を明かしたが、私だけは家の中に入って、余震の揺れるのを楽しんでいた。後に、この大地震は震幅が四寸もあったと聴き、もっと詳しく観察しておくべきだったと残念に思った。もう一度ああいう大地震に生きているうち遇ってみたいものだと思っている。

　この大地震では、せっかく上梓したばかりの「植物研究雑誌」第三巻第一号を全部焼いてしまった。残ったのは見本刷り七部のみだった。

　震災後、二年ばかりして、渋谷の家を引き払って、今の東大泉に転居した。標品を火災その他から安全に護るには、郊外の方が安全だと思ったからである。

川村清一博士のこと

理学博士川村清一君は、日本における蕈《きのこ》の研究家として第一人者であったが、六十六歳を一期として、胃潰瘍のため吐血し、急逝されたのは惜しみてもなおあまりがある。

君は作州津山の生まれで、松平家の臣であった。明治三十九年（一九〇六年）七月に東京帝国大学理学部植物学科を卒業し、直ちに日本の菌類を研究する道をたどっていた。その間、洋行もし、内外多くの文献も集め、また実地に菌標本も蒐集して研究の基礎を築いた。今はこれらの書籍、標本はみな遺愛品となって残るにいたったが、遺族の方は、これを日本科学博物館に献納したと聞いた。私は斯学のため、また博士生前の努力のため、ひとえにそれを安全に保存せられんことを切望する次第である。

川村君は、自ら写生図を描くことが巧みであったので、他の画工を煩わすにおよばず、みな自分で彩筆を振るった。書肆が競って中等学校の植物学教科書を出版した華やかな時代には、同君に嘱して菌類の着色図を描いてもらい、その書中を飾ったものだ。甲の教科書にも、乙の教科書にもキノコの着色図版といえば、後にも先にも川村君の腕を振るう独擅場であった。

君には、二、三の優秀な菌類図書が既刊せられているが、その多年にわたって自身で写生して溜めたものを、まとめて一書となし、まず同君最後の作として、東京本郷の南江堂でこれを印刷に付し、やっとでき上がったせつな、昭和二十年の戦火で、不幸にもそれが灰燼となって烏有《うゆう》に帰した。まことに残念しごくなことで、確かに学界の大損失であるといえる。

川村君は燃ゆる心をもって再挙をはかっていた。幸いに、その原稿の原図が戦災を免かれ、安全に残ったことを同君の信書で知ったので、私はその不幸中の幸運を祝福し、右菌類図説の再発行を祈っていた。そのころ、昭和二十年八月十五日に終戦となったのでほどもなく、同君は山梨県東八代郡花鳥村竹居の疎開地から、無事に都下滝野川区上中里十一番地の自宅へ帰った。が、まもなく天、同君に幸いせずついに上に記したように不幸にして不帰の客となった。

同君は晩年には大いに菌類を研究して、新種へ命名し、世に発表するような仕事には手を出さなくなり、もっぱら従来研究したものを守り、それをまとめて整理し、世に公にすることに腐心せられていた。とにかく、日本で晨星《しんせい》も啻《ただ》ならざるほど少ない菌学者のひとりを喪ったことは、まことに遺憾のいたりである。まだ死ぬほどの老齢でもなかったが、どうも天命は致し方もないものだ。

同君と私とは、同君が大学在学当時以来、すこぶる昵懇《じっこん》の間であったので、突如として同君の訃音《ふおん》をきいたときには、ことに哀愁の感を禁じ得なかった。

桜に寄せて

高知県土佐国高岡郡佐川町は、私の生まれ故郷で、そこは遠近の山で囲まれ、春日川の流れを帯びた一市街であって、郊外には田園が相つらなっている。

この地は、明治維新前は国主山内侯の特別待遇を受けていた深尾家、一万石の領地の核心区であった。

したがって士輩の多いところで、自然に学問がさかんであった。この地よりの近代の出身者には、まず宮内大臣たりし田中光顕、貴族院議員たりし古沢滋（旧名迂郎《うろう》）、侍従たりし片岡利和、県知事たりし井原昂、大学教授たりし工学博士広井勇、同じく法学博士土方寧、その他医学博士山崎正董《まさただ》など、多くの人材を輩出した。昔は、「佐川山分《さんぶん》学者あり」と評判せられた土地で、当時の名教館と称する深尾家直轄の学校があって、もっぱら儒学を教え、したがって儒学者が多かった。

この佐川町の中央のところから、南へはいった場所を奥の土居という。東西と南の奥とは山をもって限っている小区域で、奥の方から一つの渓流が流れでている。その西側の山にそって一寺院があって、これを青源寺という。土地では由緒ある有名な古刹で、そのうしろは森林鬱蒼たる山を負い、前は、かの渓流のある窪地を下瞰《かかん》している。寺の前方と下の地はむかしから桜樹が多いところで、これはみないわゆるヤマザクラである。

今から五十数年前の明治三十五年、当時、土佐には東京に多く見るソメイヨシノがなかったので、私はその苗木数十本を土佐へ送り、その一部を高知五台山に、またその一部をわが郷里の佐川にも配った。今この五台山竹林寺の庭にはこのときのソメイヨシノの木が数本あるが、これはそのかみ同寺の住職船岡芳作師が、私の送った苗木を植えたものだ。しかるに今日同寺の僧侶たちはいっこうにこのソメイヨシノの木の由来をしらぬようだ。

佐川では、当時佐川にいた私の友人堀田孫之《よりゆき》氏が、これを諸所にわかち、中の若干本を右の奥の土居へ植え、従来のヤマザクラにこれを伍せしめた。

それが、年をへて生長し、五十余年をへた今日では既に合抱の大木となり、毎年四月には枝を埋めて多くの花を着け、ヤマザクラと共に競争して、ことに壮観を呈する。

今日、この奥の土居は佐川町にあって一つの桜の名所となって、その名が四方に聞こえ、ちょうど同町は高知から須崎港に通ずる鉄道の一駅佐川駅に当たっているので、花時には観桜客が、遠近《おちこち》から押しかけ来たり、雑沓をきわめ、臨時にいろいろの店や、掛茶屋ができ、また大小のボンボリをともし、花下ではそこここに宴を張って大いに賑わい、夜に入れば夜桜を賞し、深更におよぶまで騒いでいる。

私は、自分の送った桜が、かくも大きくなり、またかくもさかんに花が咲くにかかわらず、いつもその花をみる好機を逸し、残念に思っていたが、ついに意を決し、昭和十一年四月、久しぶりで帰省し、珍しくもはじめてその花見をした。そしてわが送りし桜樹が、かくも巨大に成長したのを眺めて喜ぶと同時に、自分もまたその樹齢と併行して、まさに三十余年を空過し、樹はこのようにさかんに花をつけたが、われは一事の済ますことなくいたずらに年波の寄するを嘆じ、どうしても無量の感慨を禁ずることができなかった。

しかし、幸いに、私の心づくしのこの木がかくもよく成長して花を開き、いくぶんかでも花見客を引き寄せるために、わが郷里をにぎわす一助にもなっていれば、これこそそれを往時に贈った意義があったというべきもので、真に幸甚のいたりである。そこで、花見客に与うるために、土地の友人のもとめに応じて、左の拙吟をビラとなし、これをみんなに唄わしていささか景気をつける一助とした。

歌いはやせや佐川の桜
町は一面花の雲

匂う万朶《ばんだ》の桜の佐川

土佐で名高い花名所

長蔵の一喝

昭和七年頃の読売新聞に、「牧野が尾瀬に植物採集にでかけ、尾瀬の主、長蔵の一喝に逢い、ほうほうのていで逃げ帰ってきた」という記事がでたことがある。

これは、まったく、途方もない嘘である。そんな事実は、全然なかったことは、このときの同行の人々がよく知っている。

このときは、長蔵はおろか、だれひとりにも出会わなかった。そしてまた私が長蔵に叱られる理由もなければ、また長蔵にそんな権利もない。

しかし、長蔵は、私が人よりはたくさんに植物を採るというので、山を荒らすとでも、誤解していたらしいことは確かである。長蔵は私が尾瀬に植物採集にいくことをあまり悦んでいなかったのは事実のようだ。

こういう悪い先入観を、長蔵にたきつけたのは某氏であって、「牧野はとてもたくさん植物を採集するから、追い返してしまえ」などと、善良でしかもいっこくな山男、長蔵へたきつけたものらしい。そこで、長蔵じいさんは、私に対してあまりよい感じを持っていなかったらしい。

それを、だれかが聞きかじり、尾にひれをつけて、こんな事実無根なつまらぬことを新聞に出してしまったものと思われる。これは、かえって長蔵の徳を傷つけるというもんだ。

これと同じようなことが、軽井沢でもあった。毎年夏、軽井沢に避暑していた尾崎咢堂《がくどう》は、軽井沢の自然美をまもるために、植物採集をきらっていた。そこで、私が軽井沢にいくことをこころよく思わなかった。こういう、つまらぬことを新聞が書きたてるのは困る。

この尾崎咢堂と私が、後にふたり仲良く東京都名誉都民にえらばれたのも不思議な縁というものである。

私の健康法

私は、文久二年生まれで、今年九十五歳ですが、別に特別な健康法を実行しているわけではない。平素淡々たる心境で、平々凡々的に歳月を送っている。すなわち、このように心を平静に保つことが、私の守っている健康法だともいえる。

しかし、長生きを欲するには、いつもわが気分を若々しく持っていなければならない。

私は、今日でも、老だとか、翁だとか、爺などといわれることが嫌いである。人から、牧野老台などと書かれるのをまったく好かない。それゆえ、自分へ対して、今日まで、こんな字を使ったことは一度もなく、

わが姿たとへ翁と見ゆるとも
　心はいつも花の真盛り

と、いう心境である。

若さを保つには、若い女性に接することも必要であると思う。私は先年、日劇にストリップショウを見にでかけ、ヌードというものを見物したが、若い女はええものである。このときは、週刊読売かなにかに、ストリップガールにとり囲まれている私の写真が大きく出、「いやしくも学士院会員たる身分のものが、品位にかかわる、けしからん」と、物議をかもしたようだが、学士院会員はできるだけ長生きしてお国のために尽すのが本分だから、長生きのために若い女性に接するのは少しも悪いことではあるまい。

私は生来、わりあいに少食である。また、特に好き嫌いというものはなく、なんでも食べる。胃腸がすこぶる丈夫なのでよく食物を消化してしまう。

私は、従来、牛肉が大好きだが、鶏肉はあまり喜ばない。また、魚類は好まなかっ

たが、近頃は、食味が一変し、よくこれを食べるようになった。

コーヒーや紅茶はいたって好きで、喜んで飲むが、抹茶はあまりありがたいと思わない。

私は、酒と煙草には生来まったく縁がない。幼少時代から、両方とものまない。元来、私は酒造家の息子だったから、酒に親しむ機会に恵まれていたが、いっこうのまなかった。

私が、酒と煙草とをまったく用いなかったことは、私の健康に対して、どれほど仕合せであったかと、今日大いに悦んでいる次第である。

九十歳を過ぎても、手がふるえず、字を書いても若々しく見え、あえて老人めいた枯れた字体にはならない。また、眼も良い方で、まだ老眼になっていないので、老眼鏡などはまったく必要としない。いろいろの書きもの、写しものはみな肉眼でやり、また精細な図も、同じく肉眼で描く。歯も生まれつきのもので、虫歯などはない。

しかし、このごろは耳がすっかり遠くなって不自由である。

頭髪はほとんど白くなったが、私は禿にはならぬ性である。

それから、頭痛、のぼせ、肩の凝り、体の倦怠、足腰の痛みなどは絶えてなく、私は按摩の厄介になったことはまったくない。また、下痢などもあまりせず、両便ともすこぶる順調である。

睡眠時間は、まず通常六時間あるいは七時間で、朝はたいてい八時前後に目を覚ます。夜は、熟睡する。夢はときどき見る。昼寝は従来したことがなかった。

ここ二、三年来外出していないので、大いに運動が不足している。かつ、日光浴も不充分だと思うので、これからその辺のことに、大いに注意しようと思っている。

人は、私に百歳までは生きられるだろうというが、私は、百二十歳までは生きてみせると思っている。

終りに、近詠を示しておこう。

いつまでも生きて仕事にいそしまん
　また生まれ来ぬこの世なりせば

何よりも貴き宝もつ身には
　富も誉れも願はざりけり

II

わが植物園の植物

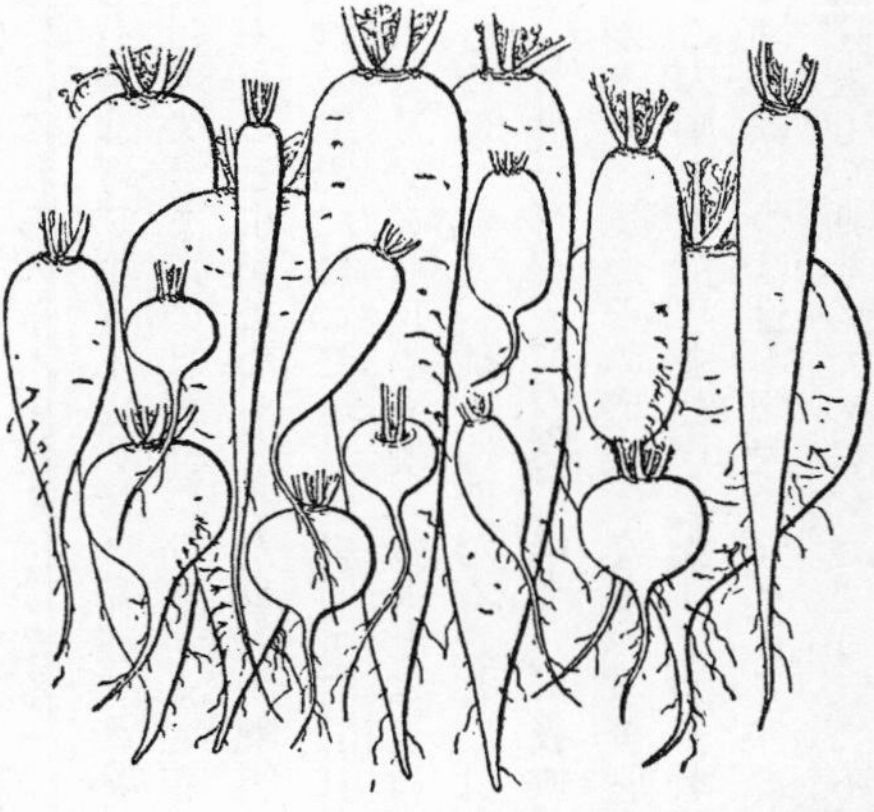

西洋ダイコンの種々の根形

わが植物園の植物

予は生まれて何に感じたでもなく、また親よりの遺伝でもなく、自然に草木が好きであった。野や山に種々の草木を閲《けみ》するうちに、これらの草木を栽え付けたる一つの植物園ができた。年を経るにしたがいて先祖代々よりの財産もこの園の経営のために入れあげてしまい、家も倉も人手に渡し、身はきのうまでの旦那様にひきかえて着のみ着のままの素寒貧になってもいっこうにそんなことに頓着なく、また世人の嘲笑をもあまんじて、ひたすらこの植物園の経営につくした。このごとくするうちに日に月にその栽えたる草木の数が殖えてきたがその間、幸いに一度も荒廃に帰せしことはなかった。しかしこれを維持しかつ盛大ならしむるについて、種々惨憺たることには出会ったが、天は幸いに園主の微衷を憐れんでくれたものかその際には幸いに義侠な人々があって、その困難を救ってくれたことがあり、またその盛大になるべき経営をたすけてくれた人があって、幸いに今日までこの園を維持し来たり、今日ではまず既に幾千の植物の栽え付けを終わった。そこで園主は一つは日本国民の分として、また一つは右義侠の人々の高誼に対し、この植物園をして斯学のためにいささかにても功績あらしめたいとの切なる希望よりして、日夜そのことに肝胆を砕いて苦心しているが、さて世の中のことは万事思うようにならぬのが常であるから、園主の心にそうように都合よく行くか行かぬか、その辺のことは只今ではとんとあい分からぬ。万一非常に深厚なる低気圧が天の一方に現われて、狂風暴風を駆り来たり、この園を蹂躙し去り、取りかえしのつかぬ惨状を呈し、ために荒廃に帰するようのことでもあったら園主多年の苦心はここにその降り来る雨の水の泡となって消え去り、その失望のあまり園主の健康はともかくも害せらるることとなろう。このごとき悲惨なる終りを告げるほどこの植物園が不幸の運命を有しておるかおらざるかは、一寸先は闇であってまさにそのときの来るまでは神のほかはあらかじめ知る人もあるまいが、今のところでは園主は前途を占して一喜一憂の間に彷徨しつつあるのである。この植物園は始め土佐の国の一隅に建設せられたるが、とっくに移して今は東京にあり、園の広さは方わずか二三寸の間に横たわりおるが、不思議にも幾千の草木がその構内に栽え付けられて繁茂し、まだいくらでも栽えられる地を存している。今その中よりいくつかの草木を選出して「そんな不思議な植物園がどこにあるものか」と疑わるるお方にその品種を告げまいらせんと言うは、その園主なる牧野富太郎という変人である。

からふとそう

かつて上述のわが植物園に栽えられたる一種の珍草がある。そは今回わが忠勇なる軍隊によりて征服したるわが旧領土樺太州に産し、まだ他の地方には知られぬ品である。彼のしゅろそう、あおやぎそう、ばいけいそう、及びりしりそうなどと近き縁を有して、同じくゆり科に属している。かつて敵国なるロシアのシュミット氏が西暦一八六八年、すなわち今より三十七年前に著わしたる『樺太植物誌』に始めて図説せられ、ステナンチゥム・サカリネンセ（*Stenanthium sachalinense Fr. Schm.*）の学名が下されてある。まだ和名の呼ぶべきものがないので、今回からふとそうと新称した。今その形状を略記すれば下のごとくである。全草高七〜九寸、多年生草木にして彷彿きわめて痩せたるあおやぎそうの態がある。根は鬚状にて、茎は地中にあり植物学上のいわゆる有皮鱗茎をなし、ねぎなどと同じ形態《てい》を呈している。葉は二、三枚地上に出で鋭尖頭をなせる線形にして、花茎すなわち葶《てい》より短くおよそ四、五寸の長さがある。花茎は直立して枝なく、一片の鱗状葉を途中に着け、茎頭に点頭せる三〜五花を着けたる総状花をなし、小梗は上向し、小梗本の苞《ほう》は小梗より長く、辺縁に色を有している。花は直径五分ばかりあり、雌雄両蕊《ずい》を具えたる両性花であって、雄蕊《おしべ》は四個あり花蓋六片開展せずして半開し、ほぼ鐘状をなし各片披針状にして鋭尖頭を有し、上部やや反曲して色彩があり、片面にはりしりそう、しゅろそう、あおやぎそう等に見るがごとき腺がない。これはなはだ注意すべき点であってこの属がしゅろそう属やりしりそう属と分るる主徴である。しかして各片の下部は子房と合体している。子房は痩せ長き「ピラミッド」状をなして直立し三室に分れている。花柱は三本あって中央より反曲している。果実はいわゆる蒴《さく》をなして直立し、宿存せる花蓋とほとんど同長で、毎室に五ないし八顆の種子がある。種子は披針形で翼があり、この翼は種子の頭部の方へ余計に張出している。

この植物の学名がよくりしりそうと間違えられているけれども、りしりそうのはジガデヌス・ジャポニクス（*Zygadenus Japonicus Makino*）でなければならぬ。

日本のむぎらん属植物

むぎらん属すなわちブルボフィルム属（Bulbophyllum）はらん科のせきこく族に属しアジア、アフリカの熱帯地方に多く、また少しは南アメリカならびに濠洲の地にも見らるる品種を含みたる一属である。本属にはおよそ八十種程の種を含みおるが、わが日本では今日のところただ下の二種のみ世に知られている。ともに日本の中部より南部の諸州にかけてこれを産し、いわゆる付託植物（付着植物ともいう）をなして樹上あるいは岩面に付着して生活し、全体は小形にしてその葉は冬を凌いで枯れず、また花は小形隠微にして顕著のものではなけれども、その全草の形貌がすこぶる非凡であるうえに小形にして可憐であるゆえ、すこぶる園芸家に珍重せられおるが、しかしその培養が存外むつかしいのでその繁茂が思うようにゆきかねます。もっとも元来が付托植物であるゆえ、その所在の空気中の湿気が適当であったならきっと良結果を見るであろうと思うのです。日本では樹上に付着しているが、また岩面にも生ずるところがある。ところによるとさかんに繁茂してほとんどその付托せる樹なり岩なりを密に覆うていることがある。その生活しつつある場所は日蔭となりおるところであるが、しかしひどく陰暗なるところには生じていない。根茎は匍匐《ほふく》して延長せる糸状をなし、鬚根がこれより発生されて樹面もしくは岩面に緊着している。卵円形あるいは長惰円形の小なる球状茎が粒の形をなし、小距離を隔てて根茎の上に並んでいる。この球状茎の頂《いただき》に各一片の葉がある。葉は楕円形あるいは長楕円形をなし上端は鈍頭である。下部は狭窄してついに短き葉柄となりおる。硬くして革質をなし、色は深緑にして辺縁多少反曲し三つの脈がある。長きものは一寸に達する。花は五、六月頃に開きおよそ一分くらいの径がある。淡緑色にして半開状をなし、細小隠微にして葉にかくれている。いつ花がしぼんだやら見過ごすほどの顕著ならぬものである。花梗は前年の球状茎に接して根茎より出で、三、四片の苞《ほう》と一個もしくは二個の花を有しその長さは球状茎と同一である。苞は広くして質薄く、上方のものは少しずつ隔たっておる。萼《がく》は上部のものは卵円形、側部のものはこれより大にして楕円形をなし、共に三つの脈がある。湿気に人は通常あまり気をかけぬけれども、これを考慮するははなはだ肝要なることにて、このごとき付托性の蘭を培養せらるるお方はぜひこの点に向こうて大いに注意を払わねばなりませぬ。これは温室内の蘭の培養法を見てもすぐ分かります。すなわちただに彼らに温度を与うるのみならず、これと同時に湿気を充分かれに供給せねばならぬのではありませんか。ブルボフィルム（Bulbophyllum）属はその字面が示すごとく球をなせる茎（植物学上にてこれを偽鱗茎すなわちPseudobulbという）の上に葉を有すること、下に示すむぎらんのごとくなるによりこの属名を得たるものであるが、しかし次のまめらんのごとくその球状茎がないものもないではない。

(1)　むぎらん

この蘭は日本の中部より南部にかけて諸州に珍しからぬ一品である。東京の近地にては房州相州にその産地がある。房州の清澄山はこの植物のまず北限の産地ならんと思う。しかしこれより北にあるとしたところであまり飛び離れて遠くにあるのではあるまい。株は樹上に付着、花弁は卵状三角形にして上部の萼片よりかすかに長く辺縁毛のごとく細裂しておる。牌片は花弁と同長で鋭尖頭ある卵形である。下は延出せる蕊柱《ずいちゅう》の脚と接合しており、この脚はあたかも牌片の柄のようになりおる。子房は植物学上のいわゆる下位子房にてこの蘭のものは他の多くの蘭に見るごとくねじれておらぬ。それゆえその花の向きが正しくなりおりて、他のものと反対の姿勢を呈しておる。すなわちその牌片は外に向かわずして内方に向こうておる。この子房は花後熟して楕円形の蒴果《さつか》となり、二分くらいの長さを有する。種子は細微にして鋸屑状をなし、蒴が開裂したときたくさんに溢れ出ずること他の一般の蘭と同じである。

この蘭の花はよく自家授精を営むのである。

この蘭の花は上述のごとく隠微で見るに足らぬが、その硬質の葉とその麦粒状の球状茎とは大いにこの植物を超凡に見さす標識である。この麦粒状の球状茎があるからしてむぎらんの名が出たので、学名はブルボフィルム・インコンスピクウム（Bulbophyllum inconspicuum *Maxim.*）である。この学名は西暦一八八六年すなわちわが明治十九年に、露国の植物学者マキシモウィッチ氏の公にせしところである。

(2)　まめらん

まめらんの名は文政八年出版の水谷豊文氏著の『物品識名拾遺』に出ているによりこの時代の本草家には既に知られていたことが分かる。まめづたらんの名は当時理科大学の助教授たりし大久保利三郎君の下したるものにして、その図説が明治二十二年二月出版の『植物学雑誌』第一巻第一号に出ている。今日ではこの品はあえて珍しく感ぜぬが、右雑誌発刊の当時明治二十二年頃にあっては珍しき蘭の一つであった。またその学名のブルボフィルム・ドリモグロッスム（Bulbophyllum Drymoglossum *Maxim.*）もその時分にできた名で、その命名者は前品むぎらんと同じく露国のマキシモウィッチ氏であった。この種名のドリモグロッスムは羊歯類のまめづた属のことである。まめらんの葉やその全体の様子がまめづたに似ているよりこれを種名となしたのである。

この蘭は前条のむぎらんと同じく樹もしくは岩面に着生し、多くは日光の当たるところに生じている。この種も大いに繁茂する時はときにその着生物の表面を密に被いあたかも着物を着せたようになっている。この品はむぎらんよりは培養がむつかしいが、生きたいわひばの幹に付ければよろしいとのことである。

その産地の区域はむぎらんと同一であるが、ときとするとむぎらんより北方に超えて産することを見た。予の知るところでは下野の国がこの種の北限でないかと思う。予は松平子爵より同国鹿沼よりほど遠からぬ、こがし山より得たる品を頂戴せしことがある。

根茎は延長匍匐して糸状をなし所々より鬚状の根を出している。球状茎はあたかもこれなきがごとくまったく不明にして小鱗片これを包み、葉はたがいに相離れて根茎上に疎生し、小形にして楕円形あるいは倒卵状楕円形を呈し、肥厚にして帯黄の緑色

まめ
である。三分ばかりの長さに達する葉柄《ようへい》をなし、その状豆を付着せしがごとく、まめらんの名は下し得て妙である。花は花梗上にただ一個あり、わりあいに大にして三分余の径がある。六月頃開き、黄緑色である。花梗は根茎より出で繊長にして葉より長くおよそ二、三分の長さがある。下部に膜質の苞を有し頂部にまた一苞がある。花蓋(萼と花弁を合称してかくいう)は半開にして萼片《がくへん》は卵状披針形をなし、上部のものはやや狭く、共に三つの脈がある。花弁は萼より非常に小さく長楕円形にして一つの脈がある。牌弁は少しく紫色をおび萼より短く、鋭尖頭をなせる卵状披針形にして彎曲し、延出せる蕊柱の脚と接合して屈折している。蕊柱は短く子房はほぼ棍棒状をなし、果実は倒卵形にて下に柄がある。

日本産つがざくら属の品種

しゃくなん科(石南科)の植物は総体興味あるものが多いゆえ、園芸植物としてもはなはだ重要なる地位を占めている。ことにその中でもしゃくなんの類、つつじの類またはエリカの類(この類は日本に産せず)などにいたってはその主位を占めておってすべての園芸家をして常に嘆賞の声を放たしむるものである。かのヒマラヤ山を装飾せるしゃくなんの品種などは、だれもその雄大なるに驚かぬ人はあるまい。

小形なるしゃくなん科の品種の中につがざくら属がある。この属にはそうたくさんに品種が含まれていないがわが日本では三種あることが知れている。しかもその中の一種はほんのこのごろ確かに日本にあることがよく確かめられたばかりだ。これらの三種はみな高山の頂巓もしくは頂巓近くに生じておって平野または丘陵地などには見当たらぬのである。相互形状が相似ているがこれを分別することは至難ではない。

この属はしゃくなん科中のしゃくなん族に属し学術上ではフィロドセ（Phyllodoce）という。これは神話中の語より出たものである。この属に属する植物は左の通徴を持っている。

つがざくら属すなわちPhyllodoce属の通徴――矮小なる灌木にて、繁く枝を分かつ。葉は年中青々としている。枝上に散生し（散生とは植物学上の語にて葉が茎面の四方に互生しているものをいう、まばらに生じているという意ではない）、葉縁ははなはだしく反巻して葉の裏面において中肋に達している。花は繖形《かさがた》に出で、梗《こう》を具え、萼《がく》片《へん》は五つあり花冠は壺状または鐘状をなして縁端五裂し、雄蕊《おしべ》は十個ありて子房の下より生じ、花糸は細長、葯《やく》は上端に孔があってここより花粉を糝出《さんしゅつ》し、そして芒《のぎ》がない。子房は五室をなし、花柱は細長、柱頭は小頭状をなす。果実は蒴果《さっか》で五室で、室と室との間が開裂して五殻片に分れ滑らかなる多数の種子がある。

この属に属する品種は北半球の北部に限られて生じ、南半球の方には一種も見つからぬ。

またこの属は何に近いかと言うとひめつがざくら属（Bryanthus）にいちばん似ている。人によりてこのひめつがざくら属と同属としたこともあるくらいよく接近しているけれども、ひめつがざくら属の花は総《ふさ》状をなしかつ花冠が深く四裂して開展しおるにより違うのである。またみねずおう属（Loiseleuria）ともはなはだ近いが、みねずおう属のものは雄蕊が五つありて、その葯は長く、縦裂して花粉を糝《さん》するによりてまた違うている。

つがざくら属は属中が二つに分れている。すなわち一つはあおのつがざくら区（Eu-phyllodoce）で、一つはつがざくら区（Parabryanthus）である。あおのつがざくら区は本属の本家であって、花冠は壺状をなし萼には腺毛がある。あおのつがざくらとえぞつがざくらとがこれに属している。またつがざくら区は本属の御部屋様みたようなもので、花冠が鐘状をなし萼片には毛がない。これにはつがざくらが属する。今分かりよいようにこれを表にして示せば左のごとくである。

つがざくら属

（甲）あおのつがざくら区……花冠壺状、萼に毛あり。

(1) あおのつがざくら

(2) えぞつがざくら

（乙）つがざくら区……花冠鐘状、萼に毛なし。

(3)　つがざくら

左に各種について記載しよう。

(1)　**あおのつがざくら**

（一名）あおばなのつがざくら、おおつがざくら、おおつがまつ、はくさんがや

この種は日本本州の中部より北部にかけさらに北海道に亘《わた》りて諸州の高山によく出会う品で、日本ではこの属中のもっとも多きものである。国外ではカムチャツカよりアリュウシャン群島を経て北米北部のアラスカに亘りてこれを産する。学名はフィロドセ・パラシアナ（Phyllodoce Pallasiana *Don.*）である。三、四の異名があるが通常この学名でとおっている。

小灌木で、高さおよそ一尺ばかりに達する。幹部は横に拡がり、枝は上昇している。葉は枝上に密着して短葉柄を具え線形で、葉の末は鈍頭あるいはほぼ鋭頭をなし、葉辺には小鋸歯がある。花はおよそ三ないし十五個繖《かさがた》形をなして枝端に出ている。小梗は頂端に点頭している。この小梗は直立して花体よりは長くかつ腺毛がある。萼片は卵状披針形で鋭尖頭を有し下方に腺毛が多い。花冠はほぼ球形であってその色が白く少しく青みがかっている。雄蕊は花冠内に隠れ、花糸は葯より長くて毛がない。花柱も花冠内に潜みて柱頭は少しく肥厚している。子房には腺毛がある。

(2) えぞつがざくら

この品は頃日《けいじつ》はじめて予はその実物に接したので、その実物の産地は北海道石狩国のオプタテシケ山と後志国《しりべし》のマッカリヌプリ（後方羊蹄《しりべし》山あるいは蝦夷富士ともいう）である。和名がないので予はこれをえぞつがざくらと新称した。この品は欧洲の北部グリーンランドおよびシベリアの東部より北米の北部に亘りて産するので、すなわち北半球の北部を一周しており、本属中で一番広く散布された種である。わが日本では前述二山のほか千島にもあるとのことであるが、北海道ではそこここの高山上においおい見つかるであろうと思う。まだだれも本州の地では採らないから果してそこにあるかないか今ではあい分からぬ。

学名をフィロドセ・タキシフォリア（Phyllodoce taxifolia *Salisb.*）というがまたフィロドセ・シールレア（Phyllodoce caerulea *Bra.*）とも称する。この方の名は一番古い種名シールレア（caerulea）となしているから、予はこれを用うるをよろしと思う。いちばん旧き名はリンネ氏の命ぜしアンドロメダ・シールレア（Andromeda caerulea *L.*）である。しかしこのシールレアは藍色の事であるから、この紅紫色の花ある品の種名としてはあまり適当しないが、はじめこの種に命じたものだからいまさら仕方がないのである。

この種は高さおよそ一尺くらいに成長し繁く枝を分かつ。葉は枝上に繁く付き質硬く光あり、末端は鈍頭あるいは鋭頭をなし葉辺に細歯ありて糙渋《そうじゆう》し葉柄は短い。花梗は枝頭に繖形《かさがた》に出で、二ないし六個ばかりありて腺毛を被り、五分ないし一寸内外の長さがある。花は梗頭に点頭し、萼は卵状披針形で鋭尖頭を有し、腺毛をこうむる花冠は楕円様の壺状で淡紅紫色を呈し、雄蕊は花冠内に潜み、葯は紫色である。花柱もまた花冠内に潜みて外に出でず、子房は腺毛を被りている。

日本では（西洋のある学者も）今日までこのえぞつがざくらに用うべき前記の学名すなわちフィロドセ・タキシフォリア（Phyllodoce taxifolia *Salisb.*）をふつうのつがざくら（次条の品）に当て用いていたのはまことに不覚であった。予は今日このえぞつがざくらの実物を見てはじめてその不覚を悟った。

(3)　つがざくら（一名）つがまつ

この種は本州の中部ならびに北部の高山頂に産するふつうのつがざくらで、古くより知られてあったものである。前に記したるごとく、今日までこれにフィロドセ・タキシフォリア（Phyllodoce taxifolia *Salisb.*）の学名を当て用いていたがそれは大いなる間違いであった。予は頃日これを覚ったと同時にこのつがざくらを精査した結果、これが一個の新種であることを発見した。なおそれのみならず、この品が前二種のごとくつがざくら属の本家なるあおのつがざくら区（Eu-Phyllodoce）には属せずして、まったく従来日本、いな旧世界（東半球）に知られていなかった一区すなわちParabryanthusに属するものたることをも究め得た。それゆえこの区もまた旧世界にあっては新しきものである。この区のものは、二、三種ありていずれも北アメリカの西部ロッキー山脈辺に産する。その中なるフィロドセ・エンペトリフォルミス（Phyllodoce empetriformis *Don.*）がいちばんよくわがつがざくらに類似しているが、しかしその枝面の状、花冠の状、雄蕊の状ならびに花柱の状等に差異を認むるので両種同一と断ずることができない。それゆえ予は日本のものすなわちつがざくらを一新種と考え、これにフィロドセ・ニッポニカ（Phyllodoce nipponica *Makino*）なる新学名を下したのである。その正式の記載文は『植物学雑誌』に出ている。この種は大なるものはおよそ一尺ばかりに成長し、繁く枝を分かち、葉は、多少繁く枝上に付着し、多くは開出している。紅紫色なる短き葉柄を具え、線形で葉末鈍頭をなし、葉辺は通じて小歯がある。葉長およそ二、三分ばかり、葉面は深緑色で光滑で多少凸凹している。中肋は葉裏に広く現われていて細白毛をしいている。花は枝頭に一ないし九個ばかり繖形に出で、側に向かいて開き、花梗は一ないし九条ばかりありて、三分ないし八分ばかりの長さを有し、腺毛を被る梗本には各二片の小苞がある。萼は針状卵形でほぼ鋭頭あるいは鈍頭を有しまったく毛なく、緑色に紫色を帯ぶ。花冠は淡紫紅で開きたる鐘状をなし一分半ないし二分余の長さがある。雄蕊は花冠より短く、花糸は葯より長く花柱蕊よりかすかに高く、柱頭は少しく肥厚し、子房には腺毛を被りている。上の三種は多少がんこうらんの態があるが、がんこうらんの葉には葉辺に細歯がないのですぐ区別が付く。花もしくは果実を見れば無論だけれども。

菊ならびにあわぎく

予がここにきくというのは、学名クリサンテムム・シネンセ（Chrysanthemum sinense *Sabine*）のことである。

また、あぶらぎくというのは一名あわぎくにて、学名クリサンテムム・インジクム（Chrysanthemum indicum *L.*）のことである。

前種のきくは普通の人の知るごとく大ぎく、中ぎく、及び小ぎくの三つに培養上で分れているが、その元とは小ぎくから多数の歳月の間に段々進歩してその培養の結果ついに中ぎくができ、つづいて大ぎくができたのである。またその花色も初めは白色であったものがこれまた培養の結果、赤ができ黄ができまた種々の色ができたのである。この大ぎく、中ぎくを培養の手を加えずに自然に任せおいたならば、またついに小ぎくの状態に還るであろう。

今日観賞用のきくは昔支那より輸入したものである。しかしその小ぎくの中には日本出のものもあるようだが、多くは支那株が元となっている。支那では昔の昔その野生のきく即ちその原種を培養し、観賞に堪えるものができて同国人が賞観しつつある間、ある年ある機会があって初めてその支那人の手にて作られたる観賞用のきくが我が日本へ渡ったものである。日本ではそれを種として或いは株を分ち或いは種子を播きて久しき歳月の間これをいじくり廻し、種々なる培養家の丹精の結果ついにその形状といい花色といい今日の盛りを致したものである。

このきくの原種はそれなれば支那のみにあるかというとそうではない、我が日本にもある。我が日本のものは原種は原種だけれどもこの原種即ち日本所産の株を土台として観賞用のものを作ったかというと決してそうではない。日本のものは千古よりやはり天然自然の野生のまま今日に及んだのである。今日作っている小ぎくの中にはちょうどこれと同一のきくがある、これは日本の野生種を誰かが栽えはじめたものか、或いは支那輸入の観賞用品の還原したものか、その辺の事は今ちょっと相分らぬ。

このきくの原種に当る野生のきくはけっして彼《か》のりゅうのうぎくではない、全くその品とは別のものである。先輩の本草家はこのきくの原種に当る野生品については余り知っていなかった様である。未だ明確にこれを記したる書を見た事がない。しかしこの野生種が我が日本に産する事は明瞭なる事実にて、予は先年初めてこれを我が郷国なる土佐に得たのである。土佐吾川郡川口村の一地はその発見の場処である。同処は仁淀川に沿うたる地なるが、その河畔を通ずる道路の一側、岩石落々たる処に多く生じているのである。予はこれに野路ぎくの新称を与えた。またその形状を我が『日本植物志図篇』第一巻に出した。その後また『日本園芸会雑誌』へもその彩色図と所見を出した。その発見後同国須崎港付近または浦戸港付近にてこれを産する事を確かめた。その高きものは三尺より四尺に達する。常のきくに見るごとく茎は梢に近く三岐し、枝上に枝を分ちて花を着け、花色は白で後に往々紅紫に染むのである。花径はおよそ一寸より一寸三分もあろう舌状花は一列に並んでいる。葉は底部は心臓形をなしその毛の工合分裂の工合は常のきくと同一である。土佐の外にも多分産するであろうが、予はその後いずれからもその標本を得ぬのである。そして前述のごとくこの野生品野路ぎくと少しも違いのないものが前記のごとく今日培養せる小ぎくの中にあるが、それはいずれより出たものか予には今判断がつかぬ。

りゅうのうぎくはきくの一変種で邦内処々に産するが、名古屋辺では大いにこれを培養して種々の変り品を作ったが、いくら変ってもこれはりゅうのうぎくたる姿勢を持っておって普通のきくと混合する事がない。

さつまぎくというものがある。これは決してきくの原種でない。矢田部良吉君はこれをきくの一変種とした、ある西洋人は近日これを特別の一種とした。されど予の意見はこれと違う。予はこれをしおぎく（Chrysanthemum Decaisneanum）の一変種だと思う。しおぎくの舌状花冠のよく発達したものは即ちこれになる。しおぎくは全く舌状花冠の発達せぬものがある。少しく発達したものがある、頗《すこぶ》る発達したものがある、また大いに発達したものがある。かくのごとく花冠発達の程度に種々ありて一様でないのがしおぎくの持ち前である。さつまのぎくはその極端の一品である。

観賞用の小ぎくは前述のごときく（Chrysanthemum sinense *Sabine*）より出で小ぎくたるを失わずして変形せるもの多き中に前述野生種そのままのものも交わりているが、またこの小ぎくの中にはあぶらぎく（Chrysanthemum indicum *L.*）より来りたるものもある。彼《か》のかんぎくと称する品は無論、あぶらぎくより出でたるものなることは誰にもすぐ分るがその他にも少くない。それなれば小ぎくを見ればこれはあぶらぎくより来りたるもの、これはきくより来りたるものとすぐ判然と区別が付くかというと、決してそんな容易のものでない。それは両者の間にいわゆる雑種（Hybrid《ハイブリッド》）ができておって、ついにいずれに属するか分らぬものがある故である。

あぶらぎくは南は印度より亜細亜の東部を伝いて我が日本に及び、ついで満洲朝鮮に及んでいる。我が日本では中部以南の諸州に普通に見る。東京辺ではその一変種がある。予はおおあぶらぎくと命名した。学名は Chrysanthemum indicum *L.* var. boreale *Makino* である。かもめぎく一名きりんぎくは多分これから出た園芸品でないかと思えども、その実物が予にはどうしても見付からぬから何とも言えぬ。読者諸君の中、この実物を所持せらるる御方は斯学のためその苗なりまた標品なり御恵与下さるれば誠に幸福の事である。

世人がクリサンテムム即ち Chrysanthemum（Chrysos 黄金、並びに anthemon 花、なる希臘《ギリシア》語より成る）の語を前述普通に培養せるきく（Chrysanthemum sinense *Sabine*）のためにできた様に思いいる人があったならばそは大いに誤りである。このクリサンテムムなる語は、仏蘭西《フランス》の植物学者 Tournefort 氏が一七〇〇年代の間に製せし語にて一七三五年 Linnée 氏初めてこれを厳然たる属名と定め公にせしものである。この時この属に属した植物には、白花を開くものもあれば黄花を開くものもあったが、黄花を開く品種が普通で立派なるのと、かつこのクリサンテムムの成語が既にありたるとよりリンネ氏はこの属の属名をクリサンテムムとなしたものである。この時その黄花品の主なるものはクリサンテムム・インジクム（即ちあぶらぎく）、クリサンテムム・セゲツム、クリサンテムム・コロナリウム（しゅんぎく）、クリサンテムム・フロスクロスム等であった。彼《か》のきくは、尚いまだ与らなかったのである。

かくのごとく所謂きく即ち Chrysanthemum sinense *Sabine* は右クリサンテムムの属名が制定せられし当時は未だ世に出でざりし一種にて、このクリサンテムムの成語とは少しの関係もなかった。このクリサンテムムの語ができ、それが属名と制定せられて後九十年程を経てこのきくが初めてこの属の圏内に闖入し来りたるもので、もっとも学問的に記せずしてきくが欧人に紹介せられた事はあった様だ。一六八〇年頃出版のブライネ氏の著書や、一六九六年出版のブルケネット氏の著書に出ているものはそれであるとの事である。英国へはきくは一七九〇年に仏蘭西より輸入せられ、仏蘭西へは一七八九年に支那より輸入したものである。

きくはかくのごとくこの属へは後入りの一種である。されどもその花の立派にして他の同属のものに立ち優っているよりついに今日ではクリサンテムム属の主品となったのである。即ち簷《のき》を貸して主家を取られたのである。しかし前述のごとくこのきくはこのクリサンテムムの字の成立に対して全く無関係であった。それを世人が、否、学者振ってえらそうに構えている人でも、このクリサンテムムの語はきくの花を基として作られしかの様に言っているのは誠に取るに足らぬ妄説である。またこのクリサンテムムを禁裏さんの紋という事なりなど唱うるに至っては、一場のしゃれなればともかくも実に一笑にだも値いせぬ。

またきくは黄色を正色とするというは誤りにて白色が原色である。きくはもと白色なりしが、培養の結果その中より黄色のものができたのである。

福寿草

うまのあしがた科（すなわち毛莨《もうろう》科）は一つの著明なる科（科とは植物学上の語に

て互いに縁がある植物の一つの集まりをいう）であって科中がまた数族に分れている。その族の一つにおきなぐさ族というのがあってこの族はまたその中が六つほどの属に分れている。その属の一つにアドニス、すなわちAdonisと称するのがある。わがふくじゅそうはこのアドニス属に属するにより吾人はこのアドニスを訳してふくじゅそう属と言うのである。

このふくじゅそう属なるAdonisはジレニウス氏が初めて一七〇〇年代の初めに用いたるより、かのリンネ氏がすぐにこれを採って一属の名称とし一七三五年にその著『システマ・ナチュリー』（Systema Naturae）にてこれを公にせしよりその後ひき続いて今日まで用いつつある名称である。そのアドニスは女神ヴェヌスに寵愛せられたる少年の名なるが、この少年が野猪に害せられて死したる時、その血よりこの草を生じたと語り伝えられたる説話にちなみてついにこの属の属名となせしものである。欧洲産のこの属の品には血赤色の花を開くものが少なくないのでそれから右ようの話ができたものである。植物学上から言うと、このアドニスすなわちふくじゅそう属は左の形状を具えたものである。

ふくじゅそう属（Adonis）

直立せる草本であるいは一年生のものもありあるいは多年生のものもある。葉は互生して多裂し裂片は狭長である。花は茎の頂端にありて独在し黄色あるいは赤色あるいは淡紫色である。萼片は五ないし八片あり花弁状をなして色あり覆瓦襞に畳みて花後落ち散る。花弁は五ないし十六片あって顕著で弁の基部に斑点があるものが多い、しかし腺巣はない。心皮は多数で花柱は短く卵子は一つあって懸垂している。果実は痩果でこれが相集まって球形あるいは穂状をなし各痩果には宿存せる花柱があって小さく短き嘴《くちばし》の状をなしている。

この属はすこぶるおきなぐさ属（Anemone）に近い。フランスの植物学者バイヨン氏はそれゆえこれをおきなぐさ属に合一したことがあるが、しかし一般にそうはしない。やはりふくじゅそう属は独立させて用いている。

今世界にこのふくじゅそう属に属する植物がおよそ二十六種ばかりあって、ある種は欧洲に産しある種はアジアに産する。またたまにアメリカに産するものもある。今その種類とその産地とを挙げれば次のごとくである。

アドニス・エスチバリス（欧洲、近東）
アドニス・アレッピカ（シリア）
アドニス・アムレンシス（黒竜江地方、日本）〔福寿草〕
アドニス・アペンニナ（欧洲）
アドニス・オータムナリス（欧洲、近東）
アドニス・シールレア（支那）

アドニス・クリソシアツス（ヒマラヤ山）
アドニス・シレネア（ギリシャ）
アドニス・タビジー（支那）
アドニス・デンタタ（欧洲、北アフリカ）
アドニス・ジストルタ（イタリー）
アドニス・エリオカリシナ（アルメニア）
アドニス・フランメア（欧洲、近東）
アドニス・フルゲンス（小アジア）
アドニス・マクラタ（欧洲）
アドニス・ミクロカルパ（欧洲）
アドニス・パレスチナ（シリア）
アドニス・パルビフロラ（近東）
アドニス・ピレナイカ（欧洲）
アドニス・リパリア（北米）
アドニス・スクロビクラタ（アフガニスタン）
アドニス・シビリカ（シベリア、アルタイ）
アドニス・シブトルピー（ギリシャ）

アドニス・スチエンシス（支那）
アドニス・ヴェルナリス（欧洲）
アドニス・オルゲンシス（欧洲、近東、北アジア）

右の外なおたくさんの名称があるがそれらは上に挙げたる種類の異名である。なおある学者の説によると、上に挙げたる二十余種はじつはこれを数個の種となすことができるならんと言っている。

上の品種はこれを二組に分かつことができる。すなわち一つは一年生の品種にて、学問上ではこの組をアドニア区（Adonia）と称する。また一つは多年生の品種にて、この組をコンソリゴ区（Consoligo）と唱える。この第一区アドニアに属する品は赤き花を開くが、しかし第二区コンソリゴに属する品は黄金色の花を開く。わがふくじゅそうはこのコンソリゴ区に属する一種である。

アドニア区に属するもの、すなわち一年生のものは日本にはないが欧洲に少なくない。すなわち上に挙げたるアドニス・エスチバリスやアドニス・オータムナリスやアドニス・デンタタやアドニス・フランメアや、またはアドニス・ミクロカルパ等はその品である。また欧洲に産するアドニス・ヴェルナリスやアドニス・ピレナイカやアドニス・アペンニナや、またはアドニス・オルゲンシスはわがふくじゅそうと同じくコンソリゴ区に属する。

さてわが福寿草はわが日本を通じて諸州に産する。すなわち北は北海道より南は九州薩摩の果てに至るまで、諸州の原野、丘隅あるいは山間に自然に産する。その花が顕著なるうえに衆花に魁《さきがけ》して開くにより、古くより世人に愛翫せられ、ことに献歳の盆栽として大いに珍重せらるることは衆のよく知るところである。

このごとく栽えて人間間に持てはやさるるものは、地方では必ずしもそうではないが、東京のような都会に持ち出す株は山採りの荒草でなく、一度は植えて培養されたものである。すなわちその株はみな前記自然生のものを掘り取り来たりて初めてこれを家植の品にするのである。その産地の名ある処は武州青梅、秩父、信州、陸奥、岩代、ならびに北海道等である。北海道札幌辺では春雪融けるや否や、このふくじゅそうがここそこの丘隅に咲き出ずるにより、札幌の住人は競うてこれを採りに行き、これを盆栽として数ヶ月雪裏に屈託せる眼を喜ばすとのことである。

右のごとく、都会の地に持ち出すために山より採り来たりこれを家植して培植して培養せられおる中に種々の変り品ができ、あるいはたまたま自然にその自生地にあって変り品を発見して採り来たりたるものが、今日種芸家に貴ばるる品となり、種々園芸上の名を帯びて珍重せらるるものとなったのである。

ふくじゅそうの変り品をもてあそぶことの流行せしは文化の頃よりの事なり。これをもてあそぶこと流行するにつれ、珍しき品多く世に出ずるは自然の勢いである。そ品のころ奇品多く出でたのである。花色はもとより黄色を原色とすれども、その変り品の中には初め白色で後だんだん淡黄を帯び来るもの、ほとんど白色となりたるもの、あるいは淡緑のもの、あるいは紅色のもの、あるいは淡紅色のもの等ありて一様ならず。またその花形も、単に八重になりたるものもあれども、また大いに変わりたるものには二段咲三段咲の異品あり、また花弁大いに重畳して八重の菊花のごとくになりたるものあり。また撫子《なでしこ》咲とて弁端剪裂してあたかも瞿麦《なでしこ》の花弁のごとき状をなすものがある。その他畸形のものが少なくない。英国「キュウ植物園」のヘムズレー氏は、一八八七年に出版せる『ガーデナース・クロニクル』（英国出版の園芸雑誌の名）の誌上にてその変種のたくさんあることを世に紹介した。これは当時伊藤篤太郎君の周旋にて「キュウ植物園」へ購入せし日本書の中の福寿草に関せる小冊子を評記せしものである。この小冊子は多分その書名を『福寿草新図』と題せるならん。そしてふくじゅそうの園芸品二十一品を集め図したる書である。このふくじゅそうは寒き地方がこの草に適っているにより、北海道のものはなかなかに太くできかつさかんに繁殖しているが、九州辺のものはこれを北海道辺のものに較ぶれば小形であってできが悪く、かつその産する分量も少ない。

このふくじゅそうはその産地は単に日本ばかりではなくして、樺太にも産すればまたその対岸の黒竜江地方にも産する。支邦には別の品種は三、四種産することは知られているが、まだこのふくじゅそうが同国に産することを聞かぬ。それゆえ、側金盞《きんせん》花《か》、長春菊、歳菊、雪蓮《ゆきはす》、報春花などの漢名をこのふくじゅそうに当つるは非であると考える。

福寿草（承前）

ふくじゅそうの学名に関しては左の歴史を持っている。すなわちこの品が西洋の学者の眼に映ったのは一八四〇年頃であった。同じく四三年にツッカリニーという学者は、これをアドニス・シビリカ（Adonis sibirieca *Patr.*）に当てて公にしたのである。一八五二年に出版せるJournal Asiatiqueという雑誌にてホフマン、シュルテス両氏が日本の植物の目録を著わしているがその中にこのアドニス・シビリカの名が引用してある。しかしこれに当つるはもとより誤りであった。一八五九年にいたってマキシモウィッチ氏は、その著『黒竜江植物志』においてこれをアドニス・アペンニナの一変種ダブリカ（Adonis apennina *L.* var. davurica *Ledeb.*）に当てて公にした。その標品は無論わが日本のものでなくて、黒竜州黒竜江の右岸なるパレヤ山中ならびにその付近の地に採りたるものである。その標品はきわめて不完全のものであったにより、充分なる精査ができなかったものと見える。それゆえ前記の学名に当てたけれどもこれも誤りであった。その後レーゲルおよびラッデの両氏によりてこの品が正確に検定せられ、ここにはじめて一新種なることを証してアドニス・アムレンシス（Adonis amurensis *Reg. et Radde.*）の新名ができ、その図説を一八六一年に公にした。その後さらにフランシェ氏の研究等ありて、この名は今日まで用いられている。

今ふくじゅそうの形状を記すれば左のごとくである。

多年生の強きかつ多数に分れたる根を有する草本にて、あるいは毛なくあるいは疎《まばら》に毛を有する。○茎は三寸ないし一尺ばかりありて単一あるいは分枝し天鵞の羽茎ほどの径がある。下部の方には葉がないが、しかしおよそ一寸内外の白色膜質の長鞘片があってこれを被うている。その鞘片の上部のものには、時としてその末端に葉を有している。○茎葉（じつは二ないし三葉連合せり）は三寸ないし六寸ばかりの長さと幅とがある。その下部のものには葉柄《ようへい》があるが、その上部のものは無柄である。葉の外形は円き卵形をなし、全く三裂して基部まで分れている。その裂片（すなわち真実の一葉）は羽状に分裂してまたその基部まで分れている。最末裂片は群集して線状長楕円形をなし羽状裂的に鋭く欠裂している。葉色は上面暗緑で裏面は色が淡い。葉柄（じつは一つの枝すなわち第二軸である）はその下部のものにあってはおよそ三寸内外あって一つの線状膜質の鞘と連合し、あるいはその鞘の腋に生ずる。○花はその直径がおよそ九分くらいより一寸七八分ほどあって本茎の頂に生じ、短き太き花梗がある。黄金色のものが普通である。○萼片は長楕円形で鈍頭を有し、内方窪面をなし淡緑色で、往々その背面暗色を呈している。○花弁は十二ないし十五片ほどありむしろ萼片より長い。狭長なる長楕円状倒卵形あるいはほぼ箆形《へらがた》をなし、その円き弁端は全辺あるいは嚙痕《かみあと》を印する。○雄蕊はその数ははなはだ多く、ほぼ花弁の三分の一の長さがある。葯は細小にて長楕円形をなし黄色である。心皮は相集まりて一つの球形をなし、細毛を生ずる。花柱は子房と同長であって反更している。成熟せる心皮（すなわち痩果）は球形で細毛を密布し、花柱は鉤状となりて心皮の上に曲がっている。

ふくじゅそうの茎葉は実際は二、三の葉が一枝の上に集まりてできており、それゆえこの植物はたとえその中茎の頂にただ一花を着けおるといえども、じつは花を着けざる枝を有する一品であり、かつこの有枝の状態は他のコンソリゴ区の品種もまたしからざるなしとは、フランシェ氏の吾人に示すところである。

フランシェ氏は日本にはなお別のふくじゅそうがあると唱えて、一八九四年にその学名を付けたものがある。その学名はアドニス・ラモサ（Adonis ramosa *Franch.*）である。この品はその茎ことごとく枝を分かちこの枝の末端にはまたさらに各一花を着くることとその親茎の頂に一花を着けおるがごときものである。その点が前記のふくじゅそう、すなわちアドニス・アムレンシスと異なるのである。

予は考えた。フランシェ氏はこのように二つに分かっているけれども元来はこれは一種のものであると。それゆえ予は明治三十四年『植物学雑誌』にて、その一方のものを一変種となし左のごとく記載した。

ふくじゅそう　*Adonis amurensis Reg. et Radde.*

えだうちふくじゅそう　*Adonis amurensis Reg. et Radde* var. ramosa *Franch. Makino*

元来、日本でふくじゅそうと称する品は右の両品を含んでいる。べつにその間に区別をしていない。それゆえふつうにふくじゅそうと言えば、いずれを指すかあい分からぬ。予は仕方がないからその一つに前記のごとくえだうちふくじゅそうの新名を与えて、一方の一茎一花のものと区別した。しかしよく詮議してみると日本ではこのえだうちふくじゅそうの方が主になっているようだから、予は今この方をふくじゅそうと改め、一方の方をいちげふくじゅそうと改めた。

ふくじゅそうはまた元日草とも称する。またついたちそう、ふくじんそう、ふくずくさ、ふじぎく、ふくとくそう、まんさく、たけれんげ、しがぎく、さいたんげ等の異名がある。

従来福寿草の変り品がずいぶん多くあることは種々の書物にも見えおるが、なおいっそう面白き変り品を作らんと欲すれば、人工媒助によって種々の変り品をさらに媒合せしめ、あるいはまた欧洲等より種々の品種を取り寄せて培養し、これを本邦のものと媒合せしめて奇々妙々の間種を作ることは園芸家に取りては極めて興味あることと思う。いつも旧時代の自然まかせの変品製造法はもはや今日どこの方面にも雄飛せねばならぬ日本国民の主張ではないのである。とかく日本の種芸家は、人工媒助のことには冷淡でいけない。この方法は変り品を作る一つの鍵なるにかかわらず世人があまり顧みないのはまことに惜しむべしだ。全体日本の種芸家には、ふつうの植物学を学んだ人が少ないので、媒助の理屈やその方法がいっこうに分からぬうえに気長くその成果を待つ根気にも乏しいので、そんなことからこの術《すべ》をやってみぬものが多い。今日、自然に任せておいて変り品のできるのを僥倖するなどはじつに迂遠きわまったことではないか。

日本のふくじゅそうは、ただ上の一つであるが、隣国の支那には三、四種の品がある。みな日本には産せぬものばかりである。次にこれを挙げてみよう。

(1)　**韃靼ふくじゅそう**

学名　*Adonis apennina L.* var. *davurica Ledeb.*

この品は蒙古北部韃靼《だったん》に産する。これは欧洲産なるアドニス・アペンニナの一変種で、非常にわがふくじゅそうに近い。それゆえマキシモウィッチ氏がふくじゅそうをこれに当てたことがあることは前に記したとおりである。ヘムズレー氏はこの品をアドニス・ヴェルナリス（*Adonis vernalis L.*）だと記した。しかしマキシモウィッチ氏の説に従えばそうでないとのことである。この品はまた朝鮮にも産する。またバイカルならびにウラル地方にも産するとのことである。

(2) **淡紫色ふくじゅそう**

学名　Adonis coerulea *Maxim.*

この種は甘粛省に産し、またチベットの東北部に産する多年生の小本にて、茎多く出で茎上には多くの葉がある。花は細小にて淡紫色あるいはときに白色、淡紅色のものがある。

(3) **ダビド氏ふくじゅそう**

学名　Adonis Davidi *Franch.*

この種は前種アドニス・シールレアに類似す。四川省に産する。

(4) **四川省ふくじゅそう**

学名　Adonis Sutchuengis *Franch.*

この種はわがふくじゅそうに類似し、四川省に産する。

右の四種が今日吾人に知られたる支那産のふくじゅそう属の品種である。

欧洲では花の赤いふくじゅそうがある。しかし一年生であるが、花が赤いとは面白いではないか。欧洲へ便宜のある人はその種子を呼んだらいいだろう。アドニス・エスチバリス（Adonis aestivalis *L.*）、アドニス・オータムナリス（Adonis autumnalis *L.*）などはその赤花の種である。

(5)　ゆきおこし

ゆきおこしはかざぐるまの一変種であって人家に培養せられている。ある人はこれに Clematis florida *Thunb.* var. Sieboldii *A. Gray.* の学名を当てているけれども穏当でない。このゆきおこしはてっせんの変種ではなく、前述のごとくかざぐるまの一変種である。ゆきおこしはその茎も葉もあえてかざぐるまとは違わぬが、その花が八重になっている。花色は白もあれば淡紫色をおびたものもある。その花の下の葉は、他の葉の対生なるにかかわらない。これは数葉輪生しておって、なおときにその中のものが花弁状をなしたものがある。この輪生葉は花より長くかつ長き葉柄をそなえて、あるいは単形のものもあればあるいは深く三裂したものもある。また三出葉のものもある。色は緑色で常葉と同質である、この葉叢《はむら》はときに密接しておって花をして無梗たらしめていることがあるが、また花より遠ざかりおりて花は明らかに有梗のことがある。花の直径はおよそ三寸ばかりもあって開展している。萼片が狭くなりて基部は柄となり、雄蕊の外部のものが大いに変形して萼片と同じ形状また大きさとなり、数十枚相重なりおりてここに八重咲となっている。その各片には赤柄ありて、頂端は微尖頭をなし全辺で裏面には細軟毛をしいている。形は倒披針形あるいは倒卵状披針形である。雄蕊の内部のものは本然の形状を保有し、ときに花によりては多少変態を呈したものもある。その中で葯に毛のあるものもあれば、あるいは葯の上半が花柱と化してその上端を除くのほか毛を密生するもののもある。雄蕊は大いに花弁状片より短く多数ありて正品とあまり違いはない。この品はたぶん諸処に培養せられているだろうが、予はその実物を下野《しもつけ》の日光の人家で見た。花色はごく淡き紫色をおびておった。小石川植物園にもある。同園のものは花が白色であったように覚えている。

この変種はたぶん支那より来たったものであろうと思う。

III 植物さまざま

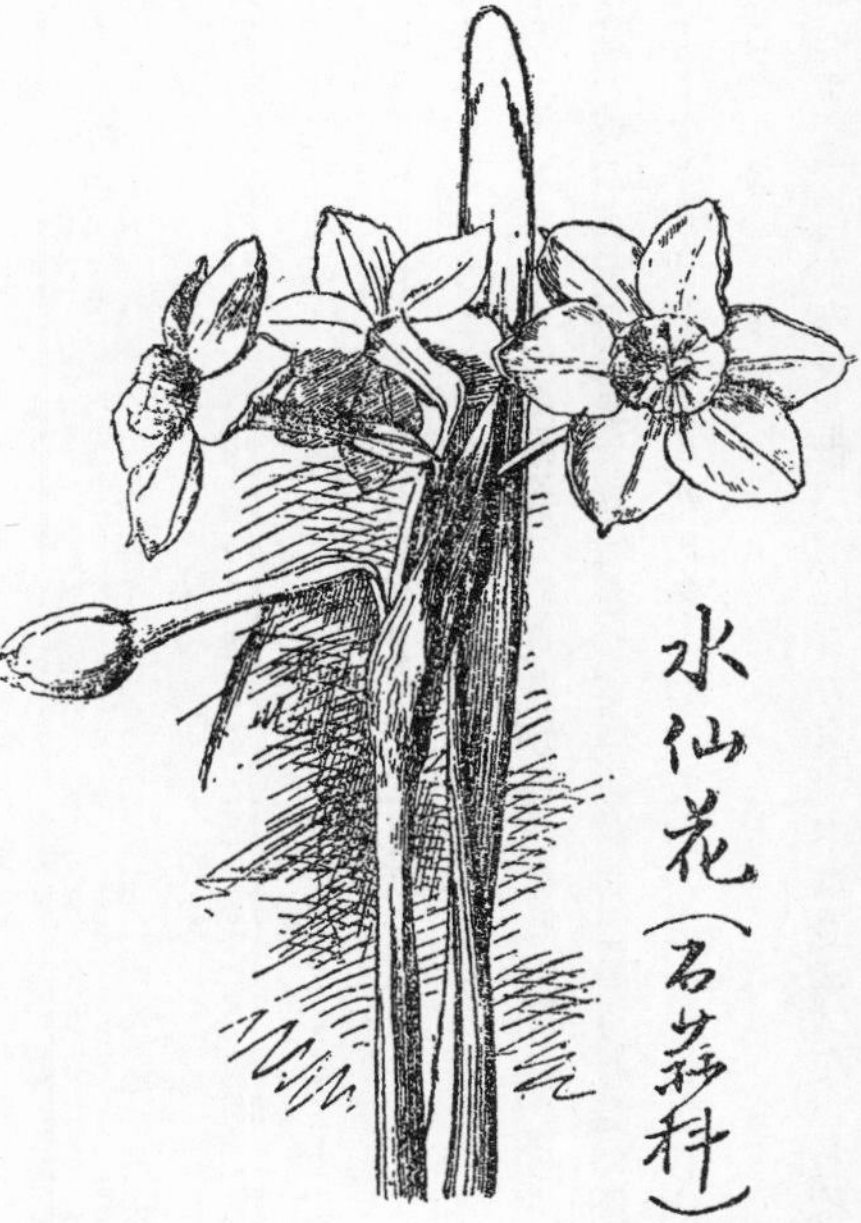

水仙花（牧野富太郎筆）

あずさ弓

万葉集に、

八隅《やすみ》知之《しし》……御《み》執乃《とらしの》……梓弓之《あづさのゆみの》

という古歌がある。

ここに詠われているアズサは、わが日本の特産の植物で、支那にはない植物である。したがって、これは梓の字を当てることは間違っている。アズサを梓とすることはこれまでの学者の思いちがいで、いわゆる認識不足のいたすところである。

それでは、梓とはどんな木かというと、これはひとり支那にのみ産する落葉喬木で、彼《か》のキササゲと同属近縁の一種である。白色合弁の唇形花が穂をなして開き、のちちょうどキササゲのような長い莢《きょう》の実をつける。私はかつて「本草」という雑誌の創刊号にその図説を出し、梓にトウキササゲという新和名をつけておいたが、しかしその生本はまだ日本へは来たことがない。

梓は、支那では木王といって、百木の長と貴び、梓より良い木は他にはないと称えている。それゆえ、書物を板木に鏤《ほ》ることを上梓といい、書物を発行することを梓行《しこう》と書くのである。

アズサの称呼はすこぶる旧いが、しかしそれは今でも方言として方々の山中に残っている。この方言を使って、ここにアズサの実物を明らかにしたのは、故白井光太郎博士の功績に帰さねばなるまい。

昔、アズサを弓に製して、信州などの山国から、これを朝廷に貢ぎした。即ち、これがいわゆる「アズサ弓」である。

今日、植物界では一般にこの木をミズメ、あるいはヨグソミネバリと呼んでいる。山中にはいればこれを見ることができる。これはシラカンバ属の一種で、大なる落喬木をなしている。試みにその小枝を打って嗅げば、一種の臭気を感ずるから、すぐに見分けがつく。この木の材でつくられたものに、彼《か》の安芸の宮島で売っている杓子や盆などがある。

熱海の緋寒桜

春になったとはいえ、まだ冬と同じい西北からの寒い風が吹いて、木の枝を鳴らしているとき、早くもそここに既に大量な花が咲いているといったら、誰でも「それは何だろう」と怪訝《けげん》な眼をみはるであろう。そして、「こんな寒いに、今からそんな花の咲くはずはない」と一口に片付けてしまうであろうが、それはただ寒い寒いといって、家の中に閉じこもっている人のいうことで、中々自然はそんなもんではない。われわれが寒さを感じてかじかんでいる時でも、植物には一向それが平気なものである。

昔、後水尾《ごみずのお》帝の御代にはじめて朝鮮から渡り来ったといわれるかの蠟梅《ろうばい》にしたところが、いち早く咲く花を着け、一月にはすでにひらきはじめる。中にはまだ十二月というのに早くも咲くような株もある。

古《いにしえ》より梅は百花のさきがけだといわれるけれども、この蠟梅は梅よりももっと早く咲く、梅の字がついているから梅の類だと思ったら大間違いで名こそ蠟梅だが梅とは大分かけ離れた縁遠い花木である。

が、これは元来他国者であるから、どうでもよいとして、わが日本のものでこの蠟梅に負けず早く咲くという者にツバキもあれば、ハンノキもある。

梅が早く咲くというので思い出したが、一月に伊豆の熱海へ行くと、この時分に赤色をした桜が咲いている。以前には、熱海にはこんな桜はなかったのだが、多分、今からおよそ四十年位か、あるいはその前後に誰かが持ってきて、熱海に入れたものであろう。この地は暖かいので、それが屋外でもよく育ち、ついに今では数本の木が同地に見られるようになった。

この桜の名は、ヒカンザクラと呼ばれるものである。またカンヒザクラともいう。元来、この桜は、どこの産かというと、これは台湾の山に生じているものである。それがずっと昔に琉球へ渡り、琉球から薩摩にきて、九州南部では久しい間、これを栽えていた。それゆえ、同地ではかなり大きな木が見られる。元来、暖国の産であるからとても日本の北ではだめだというので、久しい間、誰もこれを関東地方へは持って来なかった。ただ、大阪辺の植木屋仲間では、これを盆栽にしていたので、その仲間では少々知られていたから、あるいは少しは東京の植木屋でもその盆栽を持っていたかも知れない。しかし、とても地栽えにすることなどは思いも寄らなかったろう。

その木が、たまたま熱海へ来て見ると、存外勢いよく育つので、そこで同地では年々花が咲くようになった。

このヒカンザクラの学名をつけた人はロシアの植物学者マキシモウィッチである。熱海では、このヒカンザクラをたくさん植えて、ヒカンザクラの名所をつくるべきであろう。

俚謡の嘘

あまねく人口に膾炙《かいしや》している潮来《いたこ》節の俚謡に、

潮来出島のまこもの中に
　あやめ咲くとはしおらしい

というのがある。この元謡を「潮来図誌」で見ると、その語尾の方が少々ちがってい
て、「あやめ咲くとはつゆしらず」となっている。これをその後、誰かがこの「つゆ
しらず」を、「しおらしい」と変えたのである。
この謡《うた》は、まことによい口調でもあり、よい文辞でもあり、またよくその情調が浮
んでいるので他の、

きみは三夜の三日月さまよ
　宵にちらりと見たばかり
恋にこがれてなくせみよりも
　啼かぬ螢が身を焦がす

あるいは、

恋のちわぶみ鼠にひかれ

ねずみとるよな猫ほしや

などの、同じく潮来節の謡《うた》と共に一般世間にひろまって、誰にも唄われる有名なものとなったわけである。

しかるに、この謡を実際から観察して批評するとしたら、その謡の中に用いてある名物に矛盾があって、その点からいえば、決してこれは佳《よ》い謡とはいえない。

しかし、そんな野暮てんなことを言わずに、ふつう一般の人々が思っているように承知していれば、それはまことに佳調の謡であるといえるであろう。

それを今、私は実物の上から観て、物好きにいささか、この謡を批評してみたいと思う。こんなおせっかいは、これまでまだ誰もしたことはなかろう。

さて、これを批評するにはまず少々予備知識がいる。即ちこの謡の中にでてくる植物には、マコモとアヤメがある。

マコモは、昔からカツミの名のあるものである。このマコモは、ふつうの禾本《かほん》科の小草で、どこにでもよく水中に生じており、したがって水郷には付きもので、そこここにさかんに生い茂っている。

アヤメには二つの儼然《げんぜん》たる区別があることをまず知らねばならない。

その一つは、昔のアヤメで、これは今日ショウブといっているものである。即ち、五月の端午の節句に用うるショウブである。これは、水中に生ずる水草であるから、マコモと一緒になって生えていることはあるが、決して陸地には生えない。ただし水が引き去って乾いたときには、その跡の泥地に残って生きていることはあるが、それはただ一時的のものである。このショウブの花は一向に目立たないもので、素人にはどこに花が咲いているのか分からないほどのものである。このショウブの花穂は葉と同色なため一向に見る人の注意をひかない。

も一つの方は今日いうアヤメであって、この方は陸地に限って生えている。決して水中にこれを見ることがない。

それゆえ、水に生えているマコモと一緒のところには見出し得ない。このアヤメは、カキツバタやハナショウブのように美麗な紫色の花を開くことは誰でもよく知っているところであろう。

さて、これだけの予備知識があればこの謡の批評ができるというものである。

そこでこの、

潮来出島のまこもの中に
　あやめ咲くとはしおらしい

という謡の中の「アヤメ」を吟味して見る。ふつうの人は、これを紫の美花を開く今日のアヤメだと思っているであろう、そうでないとしたら「しおらしい」の句が利かない。

一歩進めて考えて見れば、この謡の作者も多分このアヤメを材料に使ったものと想像される。また「潮来図誌」を編集した著者も同じく、このアヤメを念頭に置いたことは、その書の扉にある図がこれを証する。その図柄はすこぶる拙《つた》ないものであるが、それはアヤメのつもりで、この謡に関係を持たせて描かせたものであることが推想せられる。

そうすると、これは陸草で、決して水草のマコモと交って、水中に生えてはいないから、「まこもの中にあやめ咲く」と唄っては事実に合わないことになる。このアヤメならば、「しおらしい」点はよい。しかし「まこもの中に」は困ることになる。

これがもしカキツバタであったなら、これは水に生えているから何の問題も起らないが、しかし、カキツバタには不幸にして「アヤメ」の名称はない、いや、実は、これはカキツバタであるが、それでは口調が悪いから同類のアヤメの名を仮りに借用したのだと付合すれば無難だが、これはこの謡に強いて同情した考えで、それは万一そうであったらよかろうくらいのところである。

それなら、謡の中のアヤメを、昔のアヤメ、つまり今のショウブとしてみる。そうすると、「まこもの中に」は及第だが、「しおらしい」で落第する。このショウブの花は少しもしおらしいなどというものではなく、まことにつまらぬけちな花だからである。

こういうわけで、一方がよければ一方が悪く、向こう立てれば、こちらが立たず、進退両難に陥ってにっちもさっちも行かなくなる。なんと考えこんでも、実地から観ると全く打開の途《みち》なく、どうも不都合な結果を馴致する。これによって、これを観ると、この有名な謡も実は事実に背いたつまらぬものであるという感じが起こってくる。

草深いこんな鄙《ひな》にも、意外、そこに珍らしくも空色の優れた美妓がいて、それがひとしお「しおらしい」という情調の謡とみれば、何もくどくどしく前に述べたようなやかましい理窟をいうにはあたらないというなら、それでもよいわ。

御菜葉考

昔時は、食物を盛るに種々な木の葉を利用したが、それがすなわち「カシワ」である。このカシワの名は、それらの総称で、すなわち食物を載せ盛る葉は何んでもカシワであったのである。

今日でも、国によっては、その葉にいろいろの物を包むかのホホノキも、旧《ふる》くはこれをホホガシワといった。今日では、ひとり槲《かしわ》のみがカシワの名を専有しているけれども、昔はもっと大きな汎称であった。

そして、いろいろの葉を用いたあまり、時には食物を盛るに「シイ」の木の葉までも使用したと見えて、

家にあらば笥《け》にもる飯《いい》を草枕
　旅にしあれば椎の葉にもる

という歌がある。これは、枝付きの椎の葉を敷き、その上に握った飯を載せたものと思われる。これはちょうど、油揚げの豆腐などをヒノキの葉の上に載せるようなもの

と思う。大抵の人が椎の葉一枚へ飯を載せると解するから、したがってその間にとかくの議論を生ずるのだ。

さて、カシワの語源については「炊《かし》ぎ葉」の約せられたものではないかといわれ、また「堅し葉」のつづまったものだともいわれている。葉に食物を盛るので、そこで食膳の料理をつかさどる人即ち膳夫を「カシワデ」と称するに至った。

このように使用せらるる種々の葉の中で、一ばんふつうに使われたのが、アカメガシワの葉であろう。それは、この木がもっともふつうに、吾人の周囲、すなわち手近かにあるからである。その葉が広く用いられた結果、今日でもなお「カシワ」の名が存して、アカメガシワはただのアカガシワだの、またカワラガシワだのと上へ赤葉、赤、または河原なる形容詞が加わって、名まえ面が変って現存しているわけだ。

ある地方にあっては、田を祭るとき、特にこのアカメガシワの葉に白米を盛って供え、また時に、ある神社では、神前への御供えにやはりこの葉に食物を載せる式がある。すなわち、これらは、昔、もっともふつうにこのアカメガシワの葉が民族間に用いられた習慣が今日もなお遺っているものである。

「ゴサイバ」は菜を盛るので「御菜葉」であり、またの名「サイモリバ」は、同じく菜を盛るので「菜盛り葉」である。ところによると、これに「スシシバ」の名がある。すなわち鮨柴で、鮨を載せ包むからそう名づけたもので、こうするとその葉の香《にお》いが鮨に移ってうまいといわれる。

元来、ゴサイバ即ち御菜葉の題下には、よろしくアカメガシワについての事実を主体として書くべきである。

それにもかかわらず「大言海」をひもといてみると、

ございば（名）御菜葉〔葉に、菜を盛るに用いる由なり、桐の葉に似たり〕蕳麻《いちび》の異名。倭訓栞《わくんのしおり》、後編、ございば〔御菜葉の義、菜を盛るべきを、蕳麻をも称せり〕

と、ただこれんばかりしか出ていない。私はこれを見て、この「大」の字を冠せる「言海」に対し、すこぶる物足らぬ感じがする。なんとなれば、実際「ゴサイバ」につき、これぱかりの記事ではよくそのものを表現していないので、まったく遺憾である。「大言海」では、アカメガシワを閑却して、ただ僅かに「イチビ」の蕳麻一つを主体として、「ゴサイバ」即ち「イチビ」の異名だといっているにすぎない。イチビと称するアオイ科の植物にも「ゴサイバ」の名はあるが、これは外来の草で、日本人が古くから、その葉に食物を載せたといわれる御菜葉そのものではないのである。とにかく、「大言海」がこのアカメガシワの御菜葉を書き落しているのは、辞書の使命から考えても決してその役目を全《まっと》うしたものとはいえないと思う。

アケビの実

人皇五十九代宇多天皇の御宇、それは今から一〇六一年の昔、寛平四年（八九二年）に僧昌住の作ったわが国開闢《かいびやく》以来最初の辞書「新撰字鏡」に、アケビのことを蔄と書き、

「蔄、開音山女也阿介比又波太豆」

と書いてある。昌住坊さん中々さばけている。

大正六年に発行された上田万年博士外四氏共編の「大字典」には、

「アケビの実の熟して、あけたる形、女陰にいとよく似たり。故に従レ艸従レ開て製れる古人の会意の字也。開は女陰の名にて和名鈔に見えたり」

と出ている。しかし、「和名鈔」即ち「倭名類聚鈔」には女陰は玉門としてあるが、ただし玉茎下の開の字の註に、「以開字為女陰」と書いてある。

私の郷里、土佐の国高岡郡佐川町では女陰を「オカイ」と称するが、これは御カイであろう。即ちカイは上古の語の遺っているものと思う。

とにかく、アケビは、その熟した実が口を開けた姿を形容したものである。故にこれが縦に割れて口を開けていることを根拠としてアケビの名が生じたと考えられる。

それで、アケビの語原は、この縦に開口しているのをアケツビと形容して、それが語原だとしている人に白井光太郎博士もいる。

また人によってはアケビは、「開け肉《あみ》」から来たものとし、また「欠《あくび》」からきたものともしている。

これは考えようで、どちらでもその意味は通ずるが、アケツビの方がおかしみがあって面白く、そして昔に早くも「蔔」とも「山女」とも書いてあるので、まずそれに賛成しておいた方がよいのであろう。

この語原は、若い女の前ではその説明がむつかしい。しかし、今日ではシャーシャー然たる勇敢な女が多いから、かえって興味をもって迎え聴くかも知れない。わたしの古い川柳に、

女客、アケビの前で横を向き

なるほどと眺め入ったるアケビかな

元来、アケビは実の名で、蔓《つる》の名はアケビカズラである。

日本にはアケビが二つある。植物界では一つをアケビ、も一つをミツバアケビといって分けているが、アケビは実《じつ》のところこの両方の総名である。

かのアケビのバスケットはミツバアケビの株元から延びでて地面へ這った長い蔓《つる》を採ってつくられる。ふつうのアケビにはこの蔓がでない。

ミツバアケビの実の皮は鮮紫色ですこぶる美しいが、ふつうのアケビの実の皮はそれほど美しくはない。熟したアケビの実の皮は厚ぼったいものである。中の肉身を採った残りの皮を油でいため味を附けて食用にすることがあるが、中々風雅なものである。

霊草マンドレーク

人参《にんじん》というものは東洋にある、いわゆる神草だ。年をへたものは、その根が手足を備えて人の形を呈しているが、この人の形を呈した人参が最も貴い。

そもそもこの人参たるや、とても大変な草なのである。ある時は、夜な夜な人の呼ぶような声で泣くこともあるという、ある時はまた、この草の生えている上に紫色の瑞気《ずいき》がたなびいたこともあったという。また、明皎々《めいこうこう》たる揺光星が砕け散って、天から降り、地に入ったら、それが人参に化したともいわれる。また、その威力で死にたくもない人にくびをくらせたこともあり、のっぴきならぬ可愛い娘に身を売らせたこともあった。

こんな訳であるから、古来、人参は、これに比敵するものの無い神聖な霊草だとして崇められ、尊ばれたわけである。

この東洋の霊草人参と、相撲を取る好敵手に、西洋の霊草マンドレークがある。ここにこの西洋の霊草マンドレークについていささか記しておこう。

マンドレークはむかし、麻痺薬として使った植物である。この植物の属名はマンドラゴラであるが、これはヒポクラテスという有名な大むかしの医者が用いた名である。これは家畜に害があるという意味のギリシャ語から来た名であるといわれる。この植物はナス科に属する有毒植物である。

このマンドレークは、いわゆるゴボウ根をもっていて、その根頭から、卵型あるいは披針型の根生葉《こんせいよう》が叢生している。花は割に大きく、鐘状で、藍紫色で、白色あるいは紫色の網状脈がある。花には臭気がある。実は球形あるいは、長楕円形の果汁の多い漿果《しょうか》である。五月に熟して黄色を呈する。

この植物は、地中海地方、ならびに小アジア地方に産する。

このマンドレークは、旧《ふる》い時代には、薬力があるともてはやされたことがある。この草の根には、瞳孔を散大する成分が含まれているといわれていた。

昔、ジョーセフスという人のいうには、

「このマンドラゴラに触れると、必ず死ぬるが、それを免がれる方法はないでもない。このマンドラゴラを採取するには、まず草のまわりを掘り、犬をこの草につなげば、犬は脱せんとして、その草を地中から引き抜く、しかし、その犬は草の毒気にあたって死んでしまう」

とのことである。

このマンドラゴラの根が、時には二股大根のように、二股に分れていたりするので、ちょうど人形のように見えることがある。そこで昔の人は、この植物に神秘を感じたものらしい。そしてこの草の根には、色情を挑発させる催淫薬があるといいだした。そんな訳で、昔の薬用草木書には、奇想をこらした人間のような想像図が沢山に出ておる。これには男女の別があり、男の方は長い髪をぼうぼうと生やし、女の方は丈なす髪をふさふさと垂れている。

この伝説は、今でもなお忘れられていないで、今日でもこの草は珍重され裁培されている。また、このマンドレークと誤信してユリ科の恋ナスというものが使われているところもある。この植物は西洋では恋リンゴとか悪魔リンゴとか呼ばれているもので、旧約聖書にもでている。伝説によれば、この草を帯びていれば、惚れたり惚れられたりする恋愛のおまじないになるといわれているので、その時代の青年男女は、これを愛用したものらしい。

昔の人は、この草を地から引き抜くときには泣き声を出すのだと想像していた。それはその根の形が往々二股に岐《わか》れていて、人に似ているから、そんな迷信に陥ったものであろう。またこれが催淫薬になるということも前にいったように人の形をしているところから思い付いたものであろう。

昔は、またマンドラゴラは悪魔除け、悪魔払いであったこともあった。この悪魔は嗅いでも分らず、視ても見えぬ幽界の魔物であった。

昔、ヨーロッパでは、この植物がすこぶる流行した時代があった。香具師《やし》どもが、このマンドラゴラの両岐した根の股くらに、ナイフで男女のお道具の象《かた》を彫りつけてならべ、「さあさあ皆さん、男のお子さんがお生まれになるのをお望みの御方はこちらの方を、女のお子さんがお生まれになるのをお望みの御方はあちらの方をお買い召されい」と呼ばわって、これを妊婦に売りつけたものである。

この草は元来が有毒植物である。そして、これを吐剤、下剤あるいは麻酔剤として用いた。昔は、主としてその麻酔性を利用して、これを麻酔剤ならびに鎮静剤として用いたとのことであるが、今日ではすたれている。また、この草は催淫剤として使われたことは前にものべた。

ここに、興味のあることは、かの有名なイギリスの劇作家シェクスピーアが、その作品中にこのマンドラゴラのことを書いていることである。「マクベス」、「アントニーとクレオパトラ」、ならびに「ロメオとジュリエット」にはこのマンドラゴラのことがでてくる。

マンドラゴラ、即ちマンドレークのことを往々、狼毒だとしてあるのを見かけるが、狼毒という毒草は、もともと支那の草であって、これは誤りである。

また、マンドラゴラを、「曼陀羅華」としてある本も見かけるが、これはたまたま音が似ているだけのことであって、誤りにも甚だしいものである。曼陀羅華は、ナス科に属するチョウセンアサガオ一名キチガイナスビのことであって、マンドラゴラとは雲泥の違いのある草である。

中江兆民先生はさすがに偉かった。兆民先生は、マンドラゴラに対して、「ナス科に属する植物なるも日本になし」と書かれている。

このマンドラゴラ、すなわちマンドレークはこれほど有名な植物でありながら、一度も日本へ来たことがなかった。外《ほか》のやくざの外国の草は、どしどしはいってくるのに、これはまたどうしたことであろう。

今日は、エロ全盛の時代であるから、これをヨーロッパから取り寄せて、栽培して、売りだせば、きっと大当りをするにちがいない、そして、この秘策をさずけた私には、必ずその儲けの一割をちょうだいすることとしよう。

美男かずら

「後撰集」の中の恋歌に三条右大臣の詠んだ、

名にしおはばあふ坂山のさねかづら
　人に知られで来るよしもがな

というのがあって人口に膾炙《かいしや》している。この逢坂山《おうさかやま》は、昔は相坂とも、合坂とも書いたが、元来、山城と近江との界《さかい》にあって東海道筋に当り、有名な坂で、昔の関所の旧蹟であるが、今月では近江分になっている、そのかみ、ここに蟬丸という盲人が草庵を結んで住み、かの有名な、

これやこの行くも帰るも別れては
　知るも知らぬも逢坂の関

という歌を詠んだということが言い伝えられている。

さて、この歌に詠みこまれているサネカズラとは一体どんなものか。即ち、サネカズラは「実蔓《さねかずら》」の意で、その実が目だって美麗で著しいから、それでこのような名が

呼ばれるようになったのだ。その実の形はちょうど生菓子のカノコに似て、その赤い実が秋から冬へかけて長梗で蔓《つる》から葉間に垂れ下っている風情、中々もって趣きのある姿である。これは岡の小籔などの落葉した雑樹《ぞうき》に懸かっているのが見られる。また、往々その常緑葉を着けた蔓をまといつかせて里の人家の生垣につくられ、そこをのぞいてみるとよく赤い実が緑葉の間に隠見している。

このサネカズラは、昔はサナカズラといったようだ。その語原は「滑《なめ》りカズラ」の意で、サは発語、ナは滑《なめ》りの意であるといわれ、このサナカズラが音転してサネカズラとなったとのことであるが、私にはこの解釈がどうもしっくりこない。したがってサネカズラはその実《さね》をもととする名と、滑《なめ》りをもととする名の二通りの語原があることになる。私の考えでは、恐らくサネカズラが古今を通じた名であって、サナカズラと昔いったというのは、ナニヌネノの五音相通ずる音便によってサネカズラがサナカズラになまったのではないかと思う。

サネカズラには美男蔓《びなんかずら》の名がある。これにこんな名のあるのはそのわかい枝蔓の内皮が粘り、その粘汁を水に浸せしめて頭髪を梳《くしけ》づるに用いたからである。

これは無論女がおもにそうしたろうから、美女カズラの名がありそうなもんだが、そんな名はなく美人草の名のみがある。

市中の店にビナンカズラと称えて木材を薄片にしたものを売っているが、これは多分中国産の楠《なん》（クスノキではない）ではなかろうか。この木は日本には産しない。サネカズラは、ビナンカズラのほかにも、ビンツケカズラ、トロロカズラ、フノリ、フノリカズラ、ビナンセキ、ビジンソウなどと呼ばれる。江州では、この実の球をサルノコシカケと呼ぶとのことだ。それはぶらぶらと下っているその球へ猿が来て腰を掛けるとの意であろうが、それは頗《すこぶ》る滑稽味を帯びてその着想が面白い。

なお、従来、わが国の学者はサネカズラを南五味子《ごみし》といっているが、これは当っていない。また古くは、このサネカズラを五味子とも称えているがこれも無論誤りである。この五味子はチョウセンゴミシという植物のことである。この植物は、朝鮮ばかりでなくわが国にも自生がある。例えば富士山の北麓の裾野などに見られる。玄及《げんきゅう》という漢名は五味子の別名であって、これをサネカズラに当てるのも間違っている。すなわち、玄及もまたチョウセンゴミシである。

オリーブのこと

学生の常に使用する英和辞書などには、その中の植物の訳語について今日でも、前々通り誤った訳語が使われているものがすくなくない。これは、まことに残念なことで、学生はその誤りを覚えこむので、修学上の不幸この上もない。

私は一日も早く、それが改訂せられて正しい訳語にならんことを学問のために、また日本の文化のために願うてやまない。

元来、辞書は正しいことを教え導く役目を持った書物であるから、書中の訳語は徹頭徹尾正確なものでなければならないことは理の当然だ。そして、今これを訂正するのはあえて至難な業ではないから、これからの辞書編纂者は今一層忠実にそれを考慮にいれて筆を持つべきであろうと思う。

今、ここに植物の名を誤訳している著しい一例を指摘して見よう。

オリーブを、辞書では橄欖《かんらん》としてあるが、これは大変な誤訳であって、このオリーブは決して橄欖ではない。この二つはその間になんの縁もゆかりもない。したがってオリーブの木は決して橄欖樹ではなく、オリーブの枝は、橄欖枝ではなく、オリーブ油は、橄欖油ではなく、オリーブ色は橄欖色ではなく、オリーブ状は、橄欖状ではない。これらはすべて、オリーブ、オリーブ樹、オリーブ枝、オリーブ色、オリーブ状とすればよろしい。オリーブの原語は今日、日本語としてオリーブとして少しも無理を感じない世となった。

全体、どうして、オリーブを橄欖と誤ったかというと、それは昔中国で聖書の旧約全書を翻訳して同治《どうち》二年に出版したとき、その書の創世紀にあるオリーブを、中国の学者が橄欖と訳したのがもとで、その訳語がその旧約全書によって日本に伝わり、そこで日本でも学者間でオリーブを橄欖と呼ぶ習慣が生じ、ひいてその誤訳の語がなお今日に至ってものこり、今でもその病根を絶つことができないのは見苦しい。

このオリーブは、昔、蘭学時代には、ホルトガルといった。すなわち、今から百六十年ほど昔の寛政十一年に出版された大槻玄沢（磐水）の著「蘭説弁惑」に図入りででている。そしてその油、即ちオリーブ油をホルトガルの油と呼んだ。それはホルトガル船が持ち渡したからで、またその樹も同じくホルトガルと称えた次第だ。

わが国の徳川時代における本草学者たちはズクノキ、一名ハボソを間違えて軽卒にもそれをオリーブだと思ったので、今日でもこの樹をホルトノキ（ホルトガルの木の略）と濫称しているが、それは大変な誤りだ。

ズクノキをオリーブと間違えるなんて、当時の学者の頭は、この上もなく疎漫で、鑑定眼の低かったことがうかがわれる。ズクノキの葉は互生《ごせい》で、鋸歯があり、裏面が淡緑色であり、オリーブの葉は対生《たいせい》で、全辺で、裏面が白色であるから、比較すればすぐその違いが判るのではないか。むろん、オリーブと、ズクノキとは科も異なり、オリーブはヒイラギ科に属し、ズクノキはズクノキ科に属する。その上、オリーブは地中海小アジア地方の原産で東洋には全く産しない。

用便の功名

アスナロという植物がある。アスナロとはアスナロウで、明日はヒノキになろうといって成りかけてみたが、ついに成りおおせなかったといわれる常緑針葉樹だ。相州の箱根山や、野州の日光山へ行けば多く見られる。

このアスナロの木の枝には、アスナロヒジキといって、一種異様な寄生菌類の一種が着いて生活している。ヒジキという名がついてはいるが、海藻のように食用になるものではなく、単にその姿をヒジキに擬《なぞ》らえたものに過ぎないのである。

さて、この寄生菌そのものが、はじめて書物に書いてあるのは岩崎灌園の「本草図譜」であろう。すなわち、その書の巻の九十にアスナロウノヤドリキとしてその図が出ている。けれども、その産地が記入してない。が、しかしそれは多分野州日光山が、あるいは相州箱根山かの品を描写したものではないかと想像せられる。

明治の年になって、東京大学理科大学植物学教室の大久保三郎君が、これを明治十八、九年頃に相州箱根山で採って、それを明治二十年三月発行の「植物学雑誌」第一巻第二号に報告している。ついで明治二十二年に白井光太郎博士が同誌第三巻第二十九号に、さらに詳細にこれを図説考証している。

このアスナロノヒジキについて面白い私の功名ばなしがある。

それは、このアスナロノヒジキを相州箱根で採ったのは、右の大久保三郎君よりは私が一足先であったことである。

すなわちそれは明治十四年（一八八一）五月のことであった。私は東京から郷里へ戻る帰途この箱根山中にさしかかった。時に私は二十歳であった。

そして、その峠のところで尾籠《びろう》な話だが、たまたま大便を催したので、路傍の林中へはいって用を足しつつ、そこらを眺《なが》め廻していたら、つい眼前の木の枝に異様なものが着いているのを見つけた。用便をすませて、さっそくにその枝を折り取り、標品として土佐へ持ち帰り、これを日本紙の台紙に貼附しておいた。のち、明治十七年（一八八四）になって再び東京へ出たとき、またそれを他の植物の標品と一緒に持参した。しかし、久しい前のことで、いまその標品はいずれかへ紛失して手許に残っていないのが残念である。

すなわち、このアスナロノヒジキは、かくして私がはじめてこれを箱根で採ったのである。大久保君が、同山で採ったのは、それより四、五年も後のことで、明治十八、九年頃であったのである。

ヤマノイモ談義

むかしから、ヤマノイモには薯蕷の字をあてて用いているが、これは大変なまちがいである。また、ヤマノイモに山薬の字をあてるのも同様全くのまちがいである。元来、山薬とは薯蕷の一名だからである。

それでは、この薯蕷とは何ものであるかというと、これはナガイモのことなのである。ヤマノイモには漢字がない。

ヤマノイモには、その根に種々な変り品があって畑につくられている。ヤマトイモ、キネイモ、イチョウイモ、テコイモ、ツクテイモ、トロイモなどがそれである。

そして、このナガイモは中国の産ではあるが、またわが国の産でもあって、わが国では往々河畔の地などにこれが野生している。面白いことは、畑につくられているものはみな雌株で、雄株は絶えてないことである。これから推してみると、この作物になっているナガイモは、もとあるいは中国からその雌株が移入せられたのかも知れない。しかし、本邦野生のものには雌株もあれば、雄株もある。

トロロにするには、ヤマノイモ（一名ジネンジョウ）の方がまさっている。ナガイモの方には粘力が比較的少なく、劣っている。そしてこのように生のまま食う根は外にはない。クログワイ、オオクログワイは生でも食えるけれども、これは実は塊茎であって真の根ではない。サツマイモは真の根だけれども、それは子供らがいたずらにかじっているくらいで、一般には誰も生いもを賞味することはない。

ヤマノイモが鰻になるとは、もちろんウソの皮だが、鰻もヤマノイモもともに精力を増す滋養満点のものだから、その両方の一致した滋養能力から考えて、このように名言を作っていったのではなかろうか。書物によると、ヤマノイモの根が山岸のところであらわれでて、水の流れへ浸り込むと、それがたちまち鰻となると、まことしやかに書かれている。

ヤマノイモも、ナガイモもともに蔓《つる》の上の葉腋にいわゆるムカゴ、一名ヌカゴをつける。これは零余子《れいよし》といわれるものである。今、これを採り集めてうえると、いくらでも新しい仔苗《こなえ》をふやすことができる。またこのムカゴは食用にもなる。

ヤマノイモの長いすりこ木のような直根が地中深く直下してのび、それが地獄へ突きぬけたとしたら、

天井のうらヌット突き出たヤマノイモ

閻魔の地獄大さわぎなり
これは娑婆でヤマノイモてふ滋養物
聞いて閻魔もニコツキにけり

ウキクサ・マコモ

そよそよと吹き来る涼風を顔に受けつつじっと池面を見渡してまず我が眼に入るものはうきくさである、あの小さき体をしたうきくさも繁殖して相集まればいつとはなしに水面を蔽いそこここに群れなして浮び漂うている、それには根はあれどもただそれを水中に垂れているだけで泥に定着していないからうきくさの体は自由に水面を移動するのである。水面に風渡ればその風の吹く先ざきへ寄り集いあえて一処に定住することがない、されば乙由の詠んだ「浮き草やけさはあちらの岸に咲く」という俳句もあればまた「身を浮きくさの定めなき」などの文句もある。

このうきくさに通常二種あって、その一をうきくさ、他の一をあおうきくさと称えるが、しかしうきくさの称はまたその総名として用いられる時もある。今これを漢名で書けば水萍《みずくさ》また浮萍《うきくさ》であるが、それを上のように二種に分つとうきくさが紫萍で、あおうきくさが青萍である。

この紫萍の方のうきくさは昔はかがみぐさ、たねなし或いはなきものぐさなど称えて歌にも詠んだものである、小野小町の歌の「まかなくに何をたねとて浮き草の波のうね〳〵おひ茂るらむ」は種子を蒔《ま》かぬのになぜかくも水の面《おもて》に盛んにできているだろうかといぶかったものだ。これは普通の人々は誰でも小町と同感であろうと思うが、植物学者はさすがはそこは心得たものでこんな場合でもそうびっくりすることはない、すなわちその訳を解りやすくいおうならそれは次のようである。

あのうきくさの円い葉状体はあれは葉ではなくて実は茎である。すなわち扁《ひら》たくなった茎である。それなら葉はどこにあるかというとこの植物にはその葉はほとんど発達しないでまず葉がないといっても差し支えのないくらい不顕著なものである。あおうきくさの方はその全体が緑色であるが、うきくさ（なきものぐさ）の方は上面が緑色で下面の水についている方は、紅紫色である。小町の歌の品はこっちをいったものだが、この品は冬は水面には出ていないゆえに冬の池面は鏡のようで何物も無い、しかるに春になるとそこにいつとはなしにうきくさが現われてくる。夏に入るとそれがますます繁殖して水面を蔽い秋になっても夏と同様である。それから気候が段々寒くなって冬に入らんとする前になるとそれが漸次に衰え日を経るままにふたたび水面に何物も残さぬようになり、そのうきくさがいつどこへ行ったか一向に判らなくなる、

それはどういう理由？

右のうきくさは春、水面に出現するや否やすぐ新体を母体から芽出《めだ》たせて分離を始

め、分離また分離でその体を殖《ふ》やし、これが春から始まって秋の末、冬の始めまで数月の間連続するがゆえに、一が二となり三となり十となり百となり千となって数限りもなくその数を加え行く、その葉状体はいつも三四片ぐらいずつ集まり繋がって浮いておりその下には各片ともみな数条の根を垂れている。夏秋のころにはその体側に極微小な花がたまに出でしたがって微細な種子ができるけれどもあまり小形なものゆえ普通の人々は誰もそれには気が付かない、この種子からも無論苗が生ずる訳なれどその体を殖やして行くのは主としてそれが分蘖《ぶんげつ》して繁殖するによるのである。冬に入らんとすると日を追うて気候が寒くなるのでその生長が困難になる、そこで始めてその生命を翌年へ持ち越さす用意を始める、すなわちその浮いている体から最後に分れた一茎体はその比重が水より重い。しかしその母体が繋がっている間は母体に連れられともに浮いているが、一朝それと離れるが最後たちまち水底に沈んでそこの泥上に横たわる、この時その水底を覗くとちょうど小さき碁石形を成したものがそこに静かに散在して眠っているのを見ることができる。この沈んでいる間が冬でこの時はその水面は綺麗でそこにはこのうきくさの姿はない、しかしあおうきくさにあっては沈むものの極めて少なくその多くは冬も依然として水面に浮いているが冬なるがゆえに夏よりはずっと衰えている。右の水底に沈んで冬眠している体は年が春と回りて水の温《ぬる》む頃になると一斉に眠りより醒めて前年の舞台なる水面に浮び出で早速にふたたび繁殖をはじめそれからそれへと分家を増し日を追うて水面を我物顔に占領して行く、上の如くその水底の体が水面に浮き出す理由はそれが水底にある時、時到ればその体中にガスが発生してそれを軽くするがためである。右のような訳柄がわかればしたがってう、、、きくさの冬に見えぬ理由もまた小町の歌への解答もできかつうきくさについての常識的知識もできるというものである。

あらかじめこの知識を用意しておいてつらつら水面の浮萍《うきくさ》を眺むる時この蕞爾《さいじ》たる小草にも吾人は無限の感興を催すのである。かくの如くして吾人がいずれの草木に対してても関心を持つようになれば、その吾人を楽しましむる上について吾人は一生を通じてまことに幸福であるといえる、草木は時を問わず処を選ばずいつでもどこでもあるものなれば随時これを楽しむことができるので娯楽の対象物としてこんな佯《いつわ》りものがまたとあろうか、これを楽しむにあえて金を要せず、またすこぶる俗悪醜怪ならず。心を優雅高尚にし愛憐の心も養うことができ、健康をも助け、一から十まで善いもの尽くしでその間あえて間然する所がないが、しかし何故に万人が万人総てがこれを楽しむというほどに至らないのはどうしたものか、それは主としてこれに対して知識を欠きしたがって趣味が出ないでいる人が多いからである。そこで私はいつも世人に向こうて多少でも草木の知識を貯えよと絶叫する、少しでも知識あればしたがって自ら趣味が生じ趣味が生ずれば知識もまた向上する、かく知識と趣味とが相俟って互いに向上すればここにいずれの草木に対してもすこぶる面白い。永い一生の間草木に対して趣味を感ずればいかなる時でも心に寂寞を感じることはなかろう。いつも嘻々《きき》藹々《あいあい》の中に我身を置くことができるのは誰が考えてもこれは幸福なことではないか、今もしこの境地に入らんと希望する人があればまず第一番にはその草木の名を覚えることが必要である、それがその物に趣味を感ずる入門である、すなわち単にその名を知っただけでも早すでに多少の興味はある、その次にその草木についての種々の事柄を知れば興味さらに油然として生ぜん。今これを人間で喩《たと》うれば姓名を知らぬ人に対しては何の感じも起らないがその姓名を知っていればしたがっていろいろなことを聯想してはじめてそこに趣味が湧き出ずるが、草木のこともまた同様である。街路樹のプラタヌス或いはチューリップツリーの名を知っても多少の興味は出るものである。

私はまた草木に愛を持つことによって人間愛を養うことができ得ると確信して疑わぬのである。もしも私が日蓮ほどの偉い物であったなら、きっと私は草木を本尊とする宗教を樹立して見せることができると思っている。私は今草木を無駄に枯れさすことをようしなくなった、また私は蟻一疋でも虫などを無駄に殺すことをようしなくなった、この慈悲的の心、すなわちその思い遣りの心を私はなんで養い得たか、私は我が愛する草木でこれを培《つちこ》うた、また私は草木の栄枯盛衰を観て人生なるものをも解し得たと自信している。これほどまでも草木は人間の心事に役立つものであるのになぜ世人はこの至宝にあまり関心を払わないであろう？　私はこれを俗にいう「食わず嫌い」に帰したい、私は広く四方八方の世人に向こうてまあウソと思って一たび味わって見て下さいと絶叫したい、私は決して嘘言は吐かぬ、どうかまずその肉の一臠《いちれん》を嘗《な》めて見て下さい。

皆の人に思い遣りの心があれば世の中は実に美しいことであろう。相互に喧嘩も起らねば国と国との戦争も起るまい。この思い遣りの心、むつかしくいえば博愛心、慈悲心、相愛心があれば世の中は必ずや静謐でその人々は必ずや無上の幸福に浴せん事ゆめゆめ疑いあるべからず。世のいろいろの宗教はいろいろの道をたどりてこれを世人に説いているがそれを私はあえて理屈をいわずにただ感情に訴えてこれを草木で養いたいというのが私の宗教心であり、また私の理想である。私は諸処の講演に臨む時は機会あるごとにいつもこの主意で学生等に訓話している。

また世人がなお草木に関心を持っていなければならないことはこれが国を富ます工業と大関係があるからである。日本の国は富まねばならぬ、今日世界の情勢を観、また我邦の現状を見つむる者は我国を富ますことは何より大急務であることを痛感するであろう。我邦はこれから先ウント金が要る。国民はこの我帝国を富ますことに大覚悟を持たねばならぬ、金は国力を張る一の片腕である、人間無手の勇気ばかりでは国は持てぬ、独立もできぬ。一方に燃ゆるが如き愛国心と勇気、一方に山と積む金この二つの一を欠けば国が亡びる運命に遭遇する。そこでこの金を工業を隆盛にして拵《こしら》える、その原料はこれを世界に需《もと》めそれを日本人の手によって製品化し、一は吾人の生活を改善安定し一はそれを世界の人間に供給して金を集むる。

　その工業の原料の大切なる一は植物であることは識者を俟って知るのではない、その天産植物を利用するにはその植物に関心を持ちその知識のある人が多くなればなるほど効果があがり結果が良い訳だ。未知の原料は世界に多い、植物に知識あるものはそれを捜し出しやすい、すなわち新原料が出て来るのである。一般の国民が植物に対して多少でも知識があればその新原料は続々と急速度に見付かることであろう。この点から見ても一般の国民にこの方面の知識を普及させておくのは真に国家のために必要である。私は世人に始めは趣味を感ぜさせることから進んで次にその知識を得させ、そしてこのような国民を駆ってその有用原料を見付けるに血眼《ちまなこ》にならしめたい。学校で植物学を教えるにも先生はこんな道理をも織り込んで他日必ずや日本帝国の中堅となるべき今日の寧馨児《ねいけいじ》を教育せられんことを国家のために切望する。

　右は止むに止まれぬ大和魂の迸《ほとばし》りであった、それがため肝腎の草木それ自身の話を忘れていたからまた元へ戻って今一くさり涼しい水草の話をする。

　千頃一碧《せんけいいっぺき》の湖、海に近き緩流の河、田間を縫う溝澮《こうかい》、そこにはまこも、すなわち菰《こも》が一杯だ、初夏のまこもその葉はまだ新しい緑でそれが相薄《あいせま》って水面に立ち繁茂また繁茂、見渡す限りそれの群落である。涼風一たび到れば葉々相摩しその音が耳を掠《ぬす》み水郷には無くてならない付きものの禾本《かほん》である。

かのしおらしいあやめがこのまこもの中に咲くという有名な「潮来出島のまこもの中であやめ咲くとはしおらしや」という潮来節の俚謡はまことに優しい佳い調子ではあれど実は実際から観察してみれば事実矛盾の謡《うた》である。それはナゼ、今日の人のいうあやめ、あの紫の花の咲くイリス属のあやめ、あれは決して水には生えぬ、したがって、この水草なるまこもの中には咲きやしない。それならそれを昔のあやめ（今日のしょうぶ）として見てはどうだ。そうするとあやめの名もよくまた水に生える点もよいがしかしこの品にはしおらしい花が咲かない、ソラ！　しおらしい花のあやめはまこもの中には生えずまこもの中に生えるあやめ（昔の名の）はその花しおらしからず、かく実際から観るとちょっと困った謡でしょうがね。

まこもは昔は単にこもと呼んだそれが本当こもだから真菰の意でまこもと呼ぶのだ。この葉で粽《ちまき》を巻くからまたちまきぐさの名がある。また昔からかつみともいったが今日でもところによっては昔のままそう言っている。花がつみとは花を生ずるかつみすなわちまこもの意であるにかかわらず、これをかの花しょうぶの原種ののはなしょうぶだというのは悪い。

まこもは春、水底の泥中に走る太い地下茎から芽立つが、その嫩《わか》い芽を食用にするところがある。これを菰筍《こじゅん》と称える、その葉中の新茎をウスチラゴ、エスクレンタと称する一種の菌類が犯して秋に太き棒のようになり長さ七、八寸ばかりで白く、これを支那や台湾辺では野菜として煮て食用にするので八百屋に売っている、茭白《こうはく》というものがこれで我邦ではこもづの（菰角の意）と称えた。しかし我邦内地ではこれを生ずることは稀である。日を歴《へ》ると中の胞子が成熟して黒き粉となる。これをまこもずみといいこの粉を油または蠟に入れて女の頭や首の禿に塗ったもんだ。

　夏秋の候となると葉中から高く梗を抽《ひ》いて大なる花穂を出し多く分枝して多数の花を着ける、下の方に雄花が咲き上の方に雌花が咲き雌花は花後早く実を結び下の雄花がなお咲き残っているのに梢の実は既に熟して落下する。この穀粒を菰米と称し食用となるので昔は病人の食に供したとのことである。昔からまこもには実の生《な》るまこもと生らぬまこもとがあると唱えたが、それはいわゆる認識不足でまこもはいずれでも花が咲けば実のできるものである。これは昔は岩代《いわしろ》の安積《あさか》の沼の名物でかの「みちのくのあさかの沼の花がつみかつみる人に恋やわたらん」と詠ぜられたものである。

　水郷の水草なお多けれどここに擱筆する。

朝夕に草木を吾の友とせば
　心淋しき折ふしもなし

日本のえびねについて

日本は地温帯に位し植物にははなはだ富めり。しかしてらん科に属するものもまた少なからずといえども、これを熱帯産のらん族諸種に比すればその花の見るべきもの概して多からず。しかれどももまた自ら趣味を含むものなきに非ざるをもってこれを採りて園芸植物になすも、自ら価値のその間に存すべきものあらん。かんらん属、なごらん、ふうらん、しらん、がんぜきらん、えびね等のごときはすでに園芸植物として世人の栽植するところなり。しかるに世人がらん類諸花の上に起こるべき昆虫との関係ならびにこれによりて起こりたる花形の奇態等の事実を知悉《ちしつ》するにいたれば、わが邦所産のらん類別に奇品珍種はなしといえども今よりは一層の愛顧を受くべし。しかれども学問の進度いまだ幼稚なるをもって、らん類を栽植する人もいまだ必ずしもこの理を知るにいたらず、ゆえに自然これを愛するの情に薄し。かんらん、ふうらん等を除くのほかはただ洋人らん類を好むの状あるを見聞し、いたずらにこれに付加してしいて愛蘭《アイルランド》説を唱うるにすぎず。もしも世人が前述のごとくらん花類と昆虫との関係を知るにいたれば、この奇状あるがために今よりいっそうこれを愛するの熱情を発起するにいたるべし。その時こそ日本のらん類も奇花異品は別になくともはじめてあまねく世人の愛顧を受くべき時のいたれるなりというべきなり。えびね属（Calanthe）は主としてアジア熱帯地の産にして種数およそ四十に下らず、日本に産するものまた数種ありて所々に自生するを見る。共にその培養は困難のものにあらずと信ず。しかしてその花態これを日本産の他のらん類に比すればむしろ美なりといわざるべからず。ことにりゅうきゅうえびねのごとき、又きえびねのごときはわが邦のえびね類中にありては他の諸品に優れり。今左にその諸種を略述せん。

りゅうきゅうえびね（Calanthe Japonica）　またくわらんという暖地の産なり。九州あるいはこれを産するあるか。花色に紅と白と紫との三品あり。北地にありては冬月これを温室に入れて擁護すべしといえり。

えびね（Calanthe discolor）　これ最もふつうのものにして諸所に自生す。東京近郊またこれが自生を見る。花色種々なれども花弁の色濁紫にして脾弁の色淡紅紫のものをもっともふつうのものとす。この変種にきんせいらん（C. discolor var. viridialba）あり、花色黄緑色なり。

きえびね（Calanthe striata var. sieboldii）　花色純黄にしてすこぶる美なり。尋常のえびねと区別すべきの点はじつに僅微なれども、花はこれに比すれば豊富にしてかつ大なり。培品としては最も価値あり。またこれと同種にして花は黄質なれども花弁の外面茶褐色を帯びたるものあり。西南地方に見ること常なり。これを Calanthe striata var. bicolor という。

きそえびね（Calanthe Textori）　花は白質にして淡紫を帯ぶ。西南暖地にこれを見る。

さるめんえびね（Calanthe tricarinata）　花状の奇なるは他に秀ず。これその牌弁広くして懸け垂れ褐紫色にしてかつ褶襞あればなり。花弁の色は黄緑色なり。この種は日本を通じてこれあり。北海道のものは牌弁大ならず。

なつえびね（Calanthe reflexa）　六月頃開花す。花は紫色にして淡白愛すべし。花弁背向するによりて花形ここに奇状を呈す。葉は他種より皺多くかつ緑色少しく白けおれり。この種は他に比して培養やや困難なり。

以上はわが邦所産のえびね属なれども、西南琉球地方を捜索せばまた他の品種を得ること必ずこれあらん。園芸熱心家は新園芸植物採集として、ちとこれらの地に赴きてはいかが。

およそ植物は自生のままに花の美かつ大なるものはむしろ少なし。これを栽培してここにはじめて大なる花を得べきなれ、美なる花も得べきなれ。今このえびねもよくこれを培養せば今よりいっそう価値ある花を出さんこと必せり。ただ自生のままを瞥見して直ちにその花の価値を判断し去り、これを培養すれば美花となるべき草木も棄てこれを顧みざるは真の園芸家というべからず。わが邦は植物には富めり。学識ある園芸家ありて各所にこれを捜索し、これを培養して新園芸植物を作らばその利益尠《せん》少《しょう》にあらざるべし。

大根一家言

私はわがダイコンを、Raphanus sativus *L.* 外に別に特立している species だとは決して考えてはいなく、また断じて信じてもいない。要するにダイコンは遠くその源を Radish なる Raphanus sativus *L.* に発し、それがはるか昔の支那へ入り来たって漸次に発達し、さらにこれがわが日本に入って、ここではるかに支那以上の発展を遂げ、ついにわが日本をして世界第一の大根国たる名誉を獲得せしめたのである。そしてその発達せるダイコンを取りこれをその原種なる Raphanus sativus *L.* すなわち俗に言うラジシ（Radish）なるセイヨウダイコンと比ぶれば、その形状に大小長短、その質に硬軟の不同はあれども、しかし「種」すなわち species としての相違はついにこれを発見することはできない。すなわちその茎葉の状態、またその花実の構造ならびに形質などはなんらそれが別種たるの botanical characters を示していなく、またその根は両者に大小長短の差こそあれ、そのもとのほうが茎（すなわち発芽のときの Hypocotyl）でその末端《うら》のほうに向こうた部分が真の根であることも両者まったく同一で、決してあい異なってはいないのである。ゆえに今日の支那および日本の大根をもってラジシの外に超然と独立せる種《スペシース》と考えるのはきわめて不徹底な見解である。すなわち気を利かして広く考うれば、かくのごとくラジシと大根とはまったく一家同種である。しかし大根は悠久な年月の間環境の異なった東洋の異域で培養せられた結果、自然にその形態性状に変化を招来し、少なくも今日これを母品ラジシの一変種（variety）と認むることができないわけではないようになった。これによってこれをみれば、ダイコンを日本での独立種とみなした学名の Raphanus macropodus *Rév.* や、また R. acanthiformis *M. Morel.* をそのままその命名学者に雷同盲従し、軽々にこれを受け入れその学名を修正することなしにそのまま用うるのはすこぶる疎漏であると愚考するのである。公平にダイコンを正視熟察した人はあえてそんな軽挙はしないのであろう。そこでダイコンの学名は広汎意に考えれば Raphanus sativus *L.* でよいけれども、これを狭義のものとすれば、それはまさに R sativus *L.* var. acanthiformis（*M. Morel.*）*Makino*（=Raphanus acanthiformis *M. Morel* = R. macropodus *Rév.* = R. sativus *L.* var. Macropodus *Makino*）である。そしてこれには多数の品種が含まれており、これらの学名は昭和三年（一九二八）に発表したことがあったが、後さらに昭和十四年（一九三九）十二月発行の『実際園芸』第二十五巻十二月号の誌上で再びその改訂名を公にしておいた。

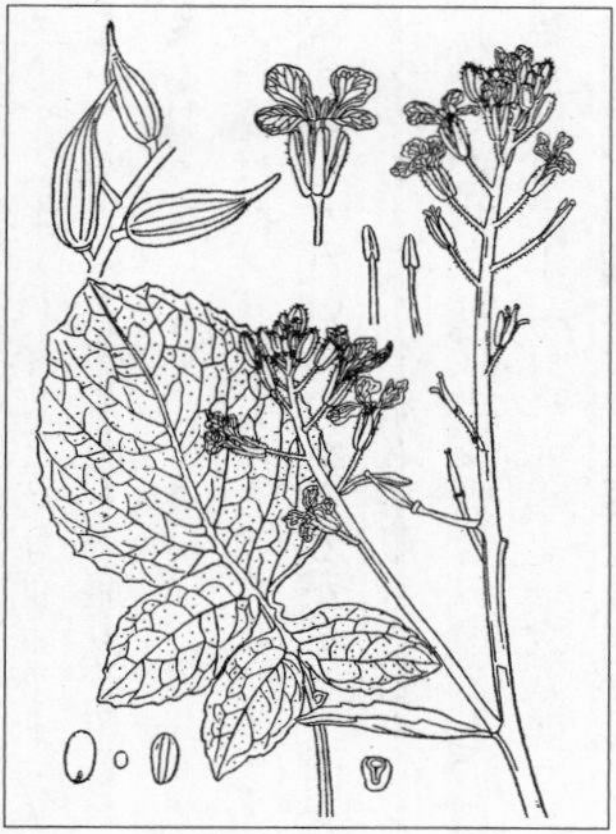
西洋ダイコン

大根

さて学者によっては Raphanus sativus *L.* を支那の原産のように信じていれど、それは無論誤りであることを私は保証する。そしてダイコンが支那の原産ではない事実は、支那におけるかれの名称がこれを証明してあまりあるのである。ひっきょうダイコンは大昔には全然支那にはなかったものである。しかしてそれが上古に初めて支那に入ったのだが、たぶんそれは初め欧洲の東南部か、あるいはアジア西部かに発程してアジアの中央をとおり、さらにいわゆる支那の西域からしだいに東漸して来た人種によってもたらされたものであろう。

ダイコンの支那での最初の名は芦葩《ろひ》であった。そして後にその字面が芦菔《ろふく》となり莱菔《らいふく》となり、さらについに蘿蔔《らふく》となったが、これらは単にその字面が変わっただけでやはり依然たる音訳字たることを失わない。ゆえにこの芦萉も芦菔も萊菔も、また蘿蔔もともにその字面にはなんらの意味をも持っていない。

芦萉は漢音、呉音ともにロヒであるが、支那の昔の学者はこの場合これをラホクと言うのだと書いていることがある。同じく芦菔はロフク、萊菔はライフク、蘿蔔はラフクであって、芦菔も萊菔も蘿蔔も、ともに芦萉をラホクとする音とはよく似ている。しかしこれを近代の支那音にすると、芦萉はルヒ、芦菔はルフー、萊菔はライフー、蘿蔔はロペー（貞享元年（一六八四）刊行、向井元升《げんしょう》の『庖厨備用倭名本草』という書物に、蘿蔔にラフと振り仮名がつけてあるのは面白い）となるのだが、支那の発音は古代と今代とにおいても、また南方と北方とにおいてもそうとう相違がある。が、とにかく芦菔も萊菔も蘿蔔も、いちばん最初の芦萉の転訛であることは同じである。それは李時珍も彼の『本草綱目』萊菔の「釈名」において、「萊菔は乃《すなわ》ち根の名、上古之《これ》を芦萉と謂《い》い、中古に転じて萊菔と為《な》り、後世訛《か》して蘿蔔と為る」とのべている。そして別にこれを紫花菘とか、温菘とか、土酥《どそ》とか言われているものはむろん後世人の下した名称で、ひっきょうこれらはただその形態性状に基づいて呼ばれ、なんら上にあげた古代からの名とは連繫はない。

支那に作られてあるダイコン、すなわち萊菔には、その培養の結果によって、すな

わちその根に大小硬軟の差が生じているのは、これはあたり前のことなのである。それについて、往時の支那の学者は、

萊菔は南北に通じてあり、北土に最も多し、大小二種あり、大なる者は肉堅く宜《よろ》しく蒸して食うべし、小なる者は白くして脆し、宜しく生にて啖《く》うべし、河朔に極めて大なる者あり、而《しか》して江南安州洪州信陽の者は甚だ大重にして五六斤に至り或いは一秤に近し、亦一時種蒔の力なり（漢文）

萊箙（支那産）（『植物名実図考』より）

と書いているが、それ以後世が進むにつれて、確かにもっと多数の品種が生じていることはもとより想像に難くない。ゆえに近代は昔と違って必ずやなお多くの異品種が現われているのであろう。

わが邦では上古にこれをオオネといった。これは大根《オオネ》の意で、すなわち

その根が大きいからである。後このオオネを漢字で大根と書いたところが、たちまち人々がこれを音読してダイコンと呼ぶようになり、それがついに今日日常の通名となっているのである。それゆえこの大根は決して漢名すなわち支那名ではないのである。地方によってはダイコンをダイコだのデーコだのデーコンだのと呼んでいる。

欧洲では往時カブ（蕪菁《ぶせい》）を Rapa とも Rhapus ともまた Rhaphus ともいったが、今日英語での Rapa はこれから出ている。またラジシのダイコンを Rhaphanis とも Rhaphane ともいい、カブもダイコンもその語系は同じようだが、こんな語のラジシが既に前にも述べたように、欧洲からアジアの中央を東へ向かって移遷し来たった人種によってついにこれを支那に伝え、そこで支那人がラフスとかラフェとかと呼んでいるような彼らのとなえを聞いてそれを支那字で芦葩と書いたものではなかったろうかと私は想像するが、この新説はずっと以前から私の抱懐し、主張し、かつ唱道しつつあるものである。そしてこの説が果して正鵠を得ているかどうかは分からんが、とにかく私はそう信じている。そうでないと音訳字なるこの芦葩の問題は解けんのである。が、この芦葩の文字の存在がまた、支那にダイコンがあったかなかったかの問題を決するキーとなるのは興味ある事件であると言わねばならない。

今その品種が新天地なる支那へ入りこんで来、それが人間にとってまことに重要な食物を供給する資源品であるから、支那人は喜んでそれを栽培し、歳月を閲る（牧野いう、こんな場合の閲はケミスと読んではいかん。これは歴《ふ》るの意味のフルでなければならない〕にしたがいしだいに広く支那の国内へ拡まり、ついにその気候風土に慣れてそれがその形状大小の性質に影響し、漸次に原品よりは優良な品となりついに支那での芦葩より萊菔に発達したものである。ゆえに萊菔すなわちダイコンを支那固有の蔬菜とみるのはもとより早計、否誤りであると私は断言するにはばからない。そしてその母植物は無論ラジシ（Radish）であるから、今日東洋のダイコンはじつにその間に幾変遷を歴《へ》たその子孫であって、まずは少なくもその変種的になっているものであると躊躇なく私は公言するのである。ゆえに東洋のダイコンを特立種とみた学名の Raphanus macropodus *Lév.* だの R. adiantiformis *M. Morel* だのはなんら採用するに足らないものである。

今日欧洲において当然あるべくしてあえてそこに見つからぬものは、野生のラジシすなわち野生の Raphanus sativus *L.* であって、これはただ畑に栽培しある cultigen のみである。おもうに、たぶんその野生品が既往においてとっくに早く絶滅したのであろう。一時は欧洲の圃地などに野生している一年生草本の Raphanus Raphanistrum *L.*（通常黄花を開く、和名セイヨウノラダイコン）がその野生品ではなかろうかとの説もあったようだが、後それはそうでないということが分かってラジシの発祥地は依然として不明なことになっている。

元来ダイコンの生まれ故郷は必ずや海辺の砂地であったに違いないということは、私の案出した新考説で私は以前からこれを確信している。したがってダイコンは海辺植物の一つなのであると言っても決して無稽な冗談ではない。すなわち邦内諸州の海辺に多いハマダイコンが明らかにこれを証明している。

このハマダイコンはもと栽培大根の種子が逸して海辺へ達し、そこで自生の姿となったものである。しかし大根の種子が野へこぼれても、はたまた山へ散り落ちても決してそこで野生のものとはならないにもかかわらず、それが一朝海辺であってみるとたちまち容易に野生の状態と化して、自ら種子より生え、自ら生長し、自ら花を開き、自ら実を結び、また自ら種子を播《ま》き、あえて人手を借らずして年々歳々そこに力強き生活を繰り返しいっこうに果てしがない。そしてこの容易に海浜に生ずる事実を細心観察するときはすなわち、それが疑いもなく海浜植物であることを確認することができるであろう。またさらにその長角なる果実を検《けみ》するときはなおいっそうそれが海浜植物たる事実を裏書きしていることを確かめ得るのであろう。すなわち実の節にくびれがあって、ために念珠状を呈せるこの果実が熟後砂上に委《い》して風日に曝《さら》さるれば、ついには節々あい離れ、その一節には各一個の種子をいれ、軽鬆質《けいしょうしつ》の厚い果皮でこれを包み、その果皮の質がすこぶる軽いがためにそこへ波が寄せくればたちまち泛子《うけ》のように浮かんでその波のひくにまかせ、もってよそに運ばれ、また風が吹きくれば、それに吹かれ容易に砂場を転々して他に移動し、その結果遠くに近くに種子を散布し、そこに萌発《ぼうはつ》を見せて繁殖の素地を作るのである。前述のとおり軽鬆質の厚い果皮で種子を包んでいるがゆえに、暫時は海水の滲透に抗し、種子はこのように海水より保護せられ、まもなくこれが砂場の適所に放置せらるれば、すなわちついにそこで貝割葉を出すのである。このハマダイコンの果実がカブやアブラナなどのようにその果皮を開くものとは違い、節々各一つの種子を包蔵してあえて開かないのはそこに大いに意義があるのである。そして久しい年月の間、櫛風沐雨寒暑旱霖の笞撻《ちたつ》のもとにその植物の形体が自然に野生的に変化し、茎葉には粗毛を増し、花色はいちだんと濃度を加えて紫色鮮かに〔たまに白花のもの forma albiflorus *Makino* (flowers white) またあるいは淡紫花のもの forma purpurascens *Makino* (flowers purplish) が普通品にまじって生じていることがある〕、果実は痩せてかなりいちじるしい念珠形となっている。今試みにこれを採って圃地に移植し、あるいは圃地に播種して培養すれば、必ずやたちまち元の大根の状を

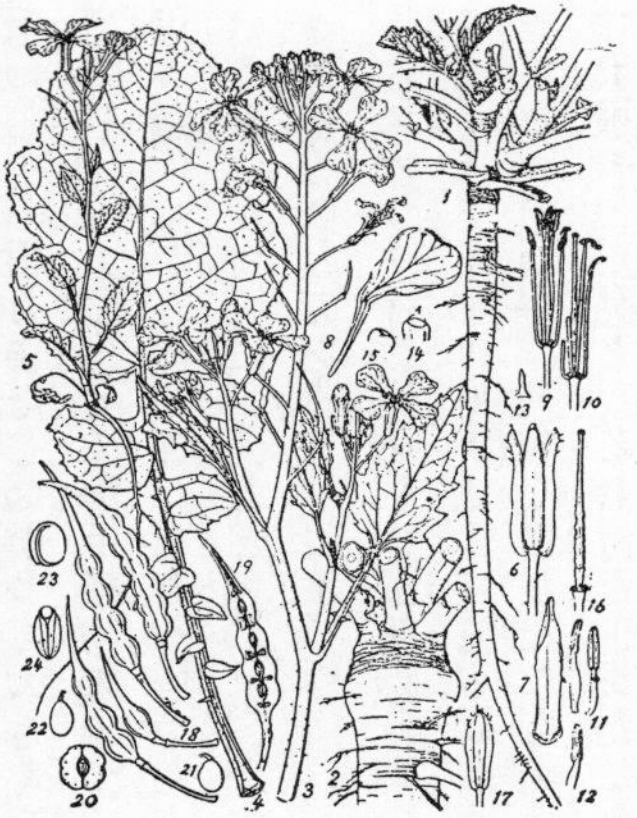
ハマダイコン

呈《あら》わしその根もまたしたがって大きくなることは請け合いである。以上によってこれをみれば、大根は元来海浜植物の一つであるということにはだれも異存はあるまいと思うが、しかし従来これをそう言った人はまったくなかった。もしも大根に魂があれば、それが海浜に生えたときには、かれは始めて懐しいわが故郷に帰ったのだと翩舞《へんぶ》雀躍《やくやく》することであろう。呵々《かか》。

右のハマダイコンの根は通常わりあいに辛味が強いので、蕎麦《そば》麺（麺は麪の俗字）を食うときその辛味料としてこれに伴わすのは適当だと思うから大いにこれを利用したらいいのだが、恐らくまだだれも実地に試した人はあるまい。すなわちいわゆる辛味大根の代用品となるわけだ。またこれを畑に作れば同じく辛味大根ができるのである。ところによって既に作られてある辛味大根には、こうした由来を持っているものもありはせんかと思う。これはもといずれから出たものか今はまったく分らんが、江州伊吹山下にネズミダイコン一名イブキダイコン（わが邦の本草家が従来これを沙蘿蔔に当てているのは非で、この沙蘿蔔は野生せるニンジンすなわち胡蘿蔔である！）というものが作られてあって、味がはなはだ辛くソバキリに添えるには大いによろしい。昔は京都へも出したといわれる。また松岡玄達の『食療正要』によれば、右のネズミダイコンが「今山城鷹ヵ峰大亀谷多ク種ユレ之」と書いてある。しかし今日ではどうであるのか。

舶来種に黒ダイコンと呼んでその根皮の黒色な品があって私の若い時分に郷里で一度作ったことがあった。これはラジシの一変種で、Raphanus sativus *L.*var. niger *DC.* というものであるが、わが邦ではめったに見られない。

蘭科植物の一稀品ひめとけらん

この蘭はまだその実物が吾人の手にないので、その花部の詳細なることが一切分からぬゆえに、その種名は勿論その属名すら判然せぬのである。

これは伊豆七島中の一なる八丈島の産であるとのことであるが、その他の島にて産せぬとも限らぬ。たぶん常緑の蘭であろうと思う。下に球状をなせる球状茎ありて緑色を呈している。この球状茎の上端には一片の葉と一片の褐色の鞘がある。この鞘は膜質であって葉柄《ようへい》より多少長い。葉は長楕円形で鋭尖頭を有し、下は狭窄して短き葉柄となっている。葉脈が縦に通って、葉面がこれがために褶襞《しゅうへき》をなしている。緑色であって多数の淡緑色の斑点すなわち星がある。葉の長さはおよそ一寸五分余もある。

花茎すなわちいわゆる葶《てい》は球状茎の下より出でて直立し、およそ一寸五分内外の高さに達する。紅紫色を帯びて三片ばかりの膜質の鞘がまばらに付いている。

花は四月頃に開き葉梢に通常二個を出し、長さ四、五分もある。横に向こうて開き下に苞《ほう》がある。苞は鋭尖頭を有しその長さは子房より短い。

花蓋は紅紫色を呈し、半莟《はんかん》状にて正開せず、狭長にして末端は尖っている。牌弁はほとんど花蓋と同長であって黄色を呈し、辺縁皺曲《しゅうきょく》している。子房は花蓋より短く棍棒状をなして、紫紅色を呈する。

今ここにその花を拡大したる図を示そう。これは関根雲停の画《か》きしものであって、原図には色彩が施してある。

日本の桜と西洋の桜

英語にチェリーという言葉がありますが、それを日本語では前から「桜」と訳しておって日本の桜もチェリーというものであると普通一般の人がそう思っております。しかしチェリーというのは桜の属ではあるが、日本の桜とは全然別種のものであって、学術上の名称でいえばプルヌス・セラススというのがその本家であります。

そこで普通の人が桜桃といって実を食用にするのがあります——山形・秋田等からたくさん産出し季節になると市場に出ますが——あの実はすなわちプルヌス・セラススからもできますし、またプルヌス・アビュームという種類の桜からもとれます。日本の市場に出ているのは主としてこのプルヌス・アビュームの種類であります。日本では一般の人ばかりでなく園芸界の人々でもあの市場へ出る桜んぼうを桜挑と呼んでおりますがあれは誤りであります。桜桃というのは決して西洋から来たものでなくてこれは支那の植物で支那が原産地なのであります。これは大木にならないで元の方から枝が別れ出て灌木式の木であります。春早く葉の出る前に花が咲きます。花は桜色で見る目にも相当に美しいが日本の桜とは到底比較になりません。花がすむと葉が出て赤い実がなります。その実が西洋のチェリーによく似ています。それで西洋のチェリーと支那の桜桃とが混同されてしまったのであります。もしこれを日本語で区別しようとならば支那のを桜桃または支那実ざくら、といい、西洋のを洋種桜桃または西洋実ざくらとでもいうのが適当でしょう。チェリーとかプルヌス・アビュームなどは西洋では花は賞美しない。白色で見るに足らぬものであります。もっぱら実をとるために培養します。日本の桜は同属ではありますが全然種類が異っております。日本には到るところにたくさんの桜がありますがいずれも花を賞美するのであって決して実を賞味するのではありません。実は小さく甘苦くて子供らがおもちゃにする位のもので果物としての価値はありません。ゆえに日本の桜を単にチェリーと呼ぶのは正しくありません。西洋の園芸家などは日本の桜を Flowering Cherry（花の咲く桜）といって区別しております。日本の桜は日本が本国であって他国にはありません。ある品類のものが多少支那にあることはありますが主として桜は日本のものであります。桜の中でも山桜がその主なるものであって昔から花の中の花といって賞美されぱっと開いてぱっと散る。その華々しさその散り際の潔さを武士の魂に比べられたりするのはこの山桜であります。この山桜をなお綿密に調べてみると日本の北部にあるのと中部以西にあるのとではまた異っております。中部以西にあるのが本当の山桜であって、北部即ち東北から樺太辺までにあるのはやはり山桜ではあるが種類が異っていて大山桜というのであります。また中国辺にあるのは毛山桜といってこれは朝鮮辺にもあります。花梗に毛があるのでこの名があります。その他彼岸桜・枝垂桜・峰桜・深山桜・豆桜・寒桜・緋寒桜・染井吉野など種類はたくさんあります。いずれも同属でありますが種類は別でありますから混同してはなりません。また八重桜などには百品も二百品もありますがこれらは山桜・大山桜・毛山桜などが源になっていて培養の結果いろいろに変ってきたのであって野生のままでこんなに変っているのではありません。

彼岸桜——世人は彼岸桜といえば皆一つのように思いますが、関東と関西とで異っております。関東のは東京の上野公園にあるような大木であって早く花が咲くので彼岸桜といっております。信州の神代桜、盛岡の石割桜などは東京の彼岸桜と同じものであります。しかしこれらは本当の彼岸桜ではありません。これらを本当の彼岸桜と区別するために江戸彼岸あるいは東《あずま》彼岸と呼んでおります。本当の彼岸桜は木が小さくて大木にはなりません。そしてやはり花が早く咲きます。花ははでやかで大変美しい。関西にはたくさんあります。

枝垂桜——これは江戸彼岸の変種であって枝が垂れ下っているのでこの名があるのです。また一つに糸桜といいます。

伊豆の大島には大島桜というのがあります。木が丈夫に育つので、大島では昔から薪《まき》にするためにこれを培養しております。大島へ行くと今でも桜株といって一つの大木が残っております。それで見ても大昔からこの桜が同島に繁殖していたことがわかります。これはやはり山桜の変種であります。

世間で咳《せき》止めの薬に「ブロチン」という薬を売っていますが、あれは桜の皮から造ったものであります。桜の皮には咳止めになる成分があるのですから、桜の皮を煎じて飲むと咳止めになるわけであります。

茄子の無駄花

親の意見と茄子《なすび》の花は
千に一つの無駄がない

という謡《うた》があるが、茄子には果して無駄花すなわち冗花が無いであろうか。瓜《うり》に無駄花（雄花）があるのは誰もよく知っている事実で何の疑いも起らぬが、茄子にそれがあるとは普通の人々には気が付くまい、しかし注意深い学者になると確かに茄子に無駄花のあることを知っている。ふんだんに茄子を作る農夫は疾《と》うにこれを知っていそうなもんだがしかしそれを知らぬ者が多い。それならその無駄花とはどんな花で、そしてどんな具合にできているかと言うと、それは茄子畑を一瞥すればすぐ判る如く、その花が茎から一個一個出ているものはみな実の生《な》る花であるが、それが短かい穂を成して二三或いは四五個ぐらいの花を着けてるものはその本の一つが実花で他はみな実のできない無駄花である、そして形が多少小さい、しかし無駄花でも雌《め》蕊《しべ》はちゃんと具《そな》わっているがそれはただいわゆる員《かず》に備わるまでで何の役にも立ちはしない、ゆえにその花は咲いても間もなく力なく花全体も花梗花軸も落ちてしまいただその本の実花（両性花である）一個のみが勢いよくあとに残る、威勢のよい茄子の木にはこれを生ずることが頻々で決して珍らしい現象ではなく、こうなるのが茄子の本性で元来茄子の花序は総状花なのである。ドナタでも実地に圃《はたけ》について御覧になればすぐにそれは見付かりなるほどと合点が行く。人によりその無駄花の花柱は雄蕊から上へは決して出ていないと言うけれど必ずしもそう極ったものではなく、それは上に出ないで雄蕊より低いものもたくさんあるがまた随分とその葯《やく》を貫いてそれより上に出ているものもあることを私は実検上から確信するを躊躇しない。

そこで私は、

茄子にむだ花ないとは誰が
　　謡いそめたか無駄な歌

と謡ってみたい、また今日は世の中が進歩し現代の息子達にはなかなか賢い者もあって旧弊なオヤジの見当違いの意見を甘受せず親を馬鹿にすることもたびたびあるのを思えば、千には大分開きのある十に一つの無駄意見もあろうというもの、そこで、

親の意見となすびの花は
　十に一つの無駄もある

と謡っても今日に異議なく通用しそうに思わるるが実はそれが今日実際の世相であったとしても若い者の前でこんな不謹慎なことを放言すると、おまえは社会の秩序を紊乱する大タワケめとたちまち固い御方から叱られることになりこのオヤジ馬鹿を見て、ケリとなるかも知れんて。

水仙一席ばなし

スイセン、それはだれにでも好かれる花である。木の葉も散りて秋も深みゆき、ふつうの菊花もしだいに終り際に近づき、さて寒菊の咲くころになると、はじめてスイセンの花がほころびはじめる。

もはや、花のきわめて少なくなった時節に、この花が盛りとなり、その潔白な色、そのゆかしい匂い、またその超俗な姿、それはだれにでも愛せらるる資質をうけているのはまことに嬉しい。世界にあるスイセンの種類は、およそ三十ほどであって、中にはずいぶんと立派なものもあるが、私はその中でも日本のスイセンがもっともよいと思っている。その嫌味のない純潔な姿は、他の同属諸種のとてもおよばぬ点で、まただこからみてもこれが一ばん日本人の嗜好にかなっていると思われる。

このスイセンは、また隣国の中国にも産するが、いや、これはむしろ中国の方がその本国であろう。

日本では今、房州、相州、紀州、肥前などにこのスイセンの自生区域があるにはあるが、しかし、それらは自ずから地域の限られたもので、これはきわめて古い時代に中国から日本に渡ったものが、いつとはなしに園中から脱出し去って、ついに今日のような自然の姿になったものだと思われる。

スイセンは、元来好んで海近くの地に生じて、よく繁茂するところをもってみれば、これは山の草ではなく、つまり海浜をわが楽土とする植物であることがうなずかれる。元来、スイセンという名はもと、中国名の水仙から来たものであるが、今はこれがふつうの名となっているのはだれでも知っているとおりである。

しかし、日本では、むかし、これをセッチュウカ（雪中花）と呼んだこともあった。これは、雪中にあっても、花が咲くからで、すこぶるよい名である。

中国で、これを水仙ととなえるわけは、この草は湿った地に適して生じ、したがって水が必要だから、それでこういうのだとのことである。仙はいわゆる仙人の仙で、俗風を抜いて見えるその姿を賞讃したものであろう。そして中国では、その花を金盞《きんせん》銀台と称するが、これはなかなかうまく形容した名である。

スイセンの花は一重咲きのものが、ふつうの品であるが、また中国では玉玲瓏といわるる八重咲きのものもある。また、青花と称し、その花が淡緑色を呈して八重咲きとなっているものもあるが、これはスイセンの中のもっとも下品な花で、だれもがあまり顧みないものである。十二月に房州へ行くと、路傍に生じているスイセンに往々、こんなものが見られるがだれもとる人がないから、よく残って咲いている。

市中に支那水仙というものを売っている。ちょうど十一月頃から出はじめて、その白い太いたまを水盤へ置いて花を咲かせる。すこぶる雅趣に富んだもので、お正月の机上の花としては無類である。

しかし、これはなにもふつうのスイセンと変わった別の種類ではなく、まったく同種のものである。ただ充分こやしをして、たまを太くし、そしてある時期に掘り上げておき、秋に売り出すのである。

スイセンのたま、すなわち園芸家のいう、いわゆる球根は、じつは根ではなく鱗茎というもので、ここには養分が貯えられ厚く肉質になっているのである。

春の末になって葉が枯れても、たまの部分だけは生きたまま地中に残る。秋に新葉が萌出《ぼうしゅつ》すると、このたまに貯えられた養分が供給される。また、たまの下に発出している白いひげ根からもむろん養分が送られる。つまり、スイセンは、たまからも根からも両方から養分が供給されて生長するわけである。

たまの外面は、黒いうすい皮で包まれているが、これはしだいしだいに内部から押しだされてきた層が、養分を失い、水分を失い、また生活力を失ってついにうすい皮のようになったのである。

スイセンのたまは葉の脚部でなっているが、ネギ、タマネギ、ラッキョウ、ニンニクなどのたまでも同じことである。われわれが日常食べている部分は、葉の一部である。つまり、われわれはネギ、タマネギ、ラッキョウ、ニンニクの葉を食べているわけで、決して根を食べているのではない。これらの植物の本当の根は、ちょうどスイセンと同じようにそのたまの下に白いひげ状をなしてでているものである。

スイセンのたまは割ってみると、粘液があってねばねばしている。婦人の乳房が腫《は》れたとき、このたまをすり潰して付けると効があるといわれている。またこの粘液で紙をつぎ合わすと粘力が強くて好いとのことである。スイセンの観賞価値は別として、その実用方面からではまずこの二つの効用が知られているにすぎないようである。

スイセンは、そのたまの中央から通常四枚の葉がでるが、これは下の本茎の頂から生じているのであって、その下部は短い筒となっている。この葉の外側に接して、三枚の鞘すなわちはかまがある。はかまは同じく下の本茎から生じ、長い筒をなして葉の本を巻いている。

スイセンの葉がまっすぐに立って乱れないのは、このはかまがあって、葉の本を擁しているからである。

葉は両方に二枚ずつ相対して地上に出るが上の方はゆるく揺れ、質が厚くて白緑色を呈し、葉背は多少脊稜をかえし、葉頭は鈍形である。充分よく成長した葉は、その幅が二センチメートルほどもあり、長さもまた六十センチメートルばかりに達するが、これは花のすんだ、ずっと後の状態であって、花の咲くときは、まだその葉が充分に成長しきっていないのである。

花茎は四枚の葉の中心から上に現われ出るが、それはたまの基部にある、ごく短い、本茎の頂から発出している。花茎は緑色でいっこうに葉がついてなくまったくの裸である。植物学ではこんな花茎を特に葶《てい》ととなえる。タンポポ、サクラソウなどの花茎もこれと同じである。

スイセンは、この葶の頂にかなり大きな膜質の苞《ほう》があって、その苞の中から緑色の数小梗を抽《ぬ》き、梗端に各一輪の花が横向きにつく。

花は、下は筒をなし、上は白色の六片に分れて、平開し、ちょうど高い脚のあるお盆の姿をなしている。花の喉のところに杯形をなした純黄色の副冠があり、筒の中には黄色の六つの雄蕊《おしべ》と一つの花柱とがある。筒の下には緑色の子房があるが、このように花の下に付いている子房はこれを下位子房という。

ここに不思議なのは、スイセンは、このように立派な花をひらき、雌蕊《めしべ》も雄蕊もちゃんとそなわり、子房の中には卵子もあって、その器官になんの不足もないのに、どうしたわけか、花がすんでもいっこうに実のできないことである。私は、ついぞスイセンに実のなったことを聞いたことも、また見たこともない。しかし、このような例は必ずしもスイセンにのみ限ったわけではなく、かのシャガやヒガンバナなどでも同じで、やはり実がならない。

元来、花の咲くのは実を結ばんためであるが、それを考えるとスイセンの花は、じつは無駄に咲いているのである。思いやってみれば可哀想な花である。実を結ばん花は不憫である。あの純真な粧《よそお》い、あの清らかな匂い、ああそれなのに、その報い得られぬこのスイセンの花には同情せずにはいられない。

スイセンは、しかし、球で無限に繁殖して子孫をつくり、わが大事な系統を続けることができるのはこの上ない強味である。これあるがためにスイセンは今日もなおよく栄えているわけである。

IV 牧野一家言

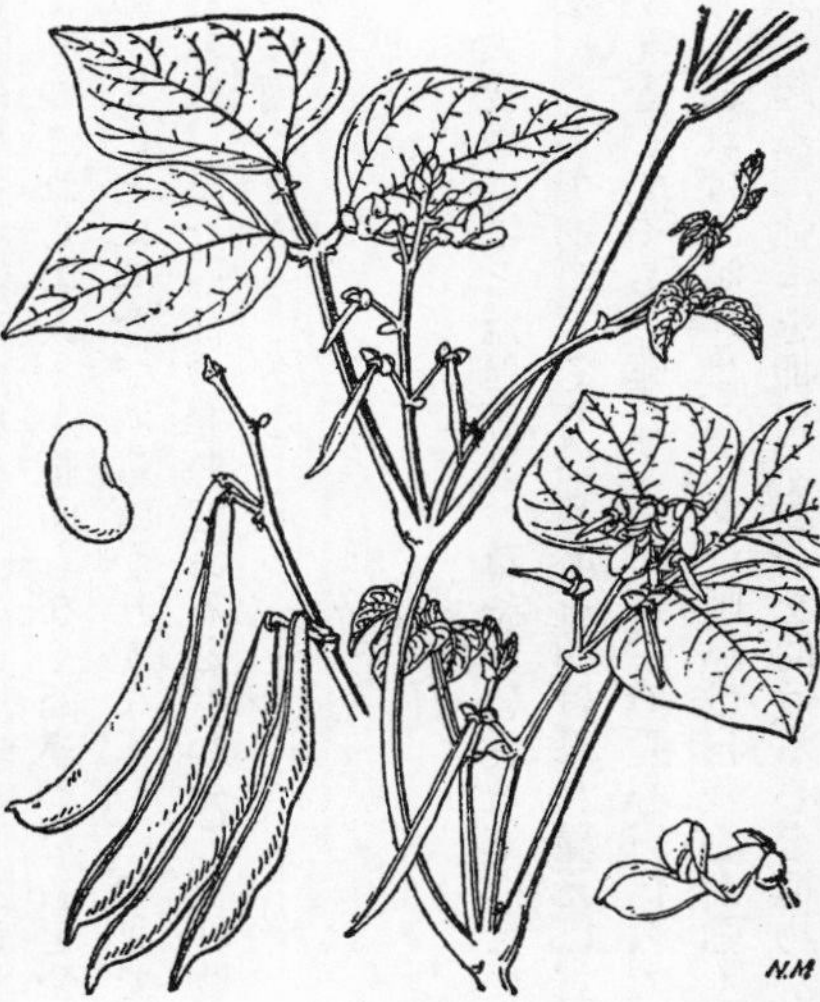

五月ささげ（誤称のいんげんまめ）

牧野一家言

世の中を指導する立場にある人は、その指す物の名称を正しく云って、世人に教うる責任がある。にもかかわらず上に立つこれらの人々が臆面もなく間違った名を公言して憚《はばか》らないのは、わが文化のため、まことに残念であるばかりでなく、いつまでも世人を駆って誤称をあえてせしめるのは、また一種の罪悪であるともいえる。植物名にはこのような誤称が数多くあるのは困ったことである。

⁂

植物を愛する心は、人間にとって大変尊いことだと思う。草や木に愛をもつということは、それを可愛がり、いためないことである。そういう心を明け暮れ養えば、人をいためないという思いやりの心が発達してくる。難しくいえば、博愛心、仏教では慈悲心ということになる。思いやりがあれば、喧嘩はしない。喧嘩は自我心が強く、我一人よくしようという心があるから起る。強きを押え、弱きを助ける心を植物から養いたいと思う。倫理道徳というようなものは、理窟よりも情からはいった方がよいと思う。

＊＊＊

私はどんな小さなものでも可愛がる。植物を採集してくると、いろいろの虫がそれについてくる。それを腊葉《せきよう》にするときに、私は一匹のアリでも殺すようなことはしない。これを縁側にもっていって放してやる。そんな時、私は、このアリは何里も離れたところから、ここへつれて来られたが、この先どうなることかと心配する。他のアリの社会の中へ入っていけば、きっと排斥されるにちがいないと心配になる。こういう心を養うことができたのは、私が植物を愛した結果、自然に養われたのだと思う。

＊＊＊

何ごとにかかわらず、母親は子供をよく教育するようにしなければいけないと思う。例えば、子供にコーヒーを飲ますときに、コーヒーは何から採るか、コーヒーはどこの国の産で、どこのものが一番よいか、コーヒーはどうしてつくるか。そしてどういうふうにしてコーヒーが世界にひろまったか、というようなことを母親が子供に話して聞かせるということはきわめて有意義なことである。これからの家庭では、母親がまず、そのような知識を持って、家庭の子女教育につとめなければいけないと思う。

＊＊＊

健康を保つためには、適度に運動することが必要である。植物採集は健康上大変よいことであると思う。野外にでて、日光に当る、よい空気を吸うということになる。私がつねに健康であるのはそのためであると思う。私は小さい時は、弱く痩せていたが、植物を採集して野山を歩いているうちに身体が強くなった。植物採集では、ただ歩くのではなく心を楽しませながら歩くことができる。楽しい心で歩くとよい運動になる。科学を勉強しながら、健康を築く、これは一挙両得というものであろう。

＊＊＊

これからさき、日本が世界の国々の間に立って独立を保っていくことは中々大変なことであると思う。それにはまず国民が健康でなければいけない。健康な子供を得るにはまず母親が丈夫でなければいけない。政府は、もっと母親の健康ということについて考えてみなければいけないと思う。

＊＊＊

植物は人間がいなくても、少しも構わずに生活することができるが、人間は植物がなくては一日も生活することができない。人間は植物に対しておじぎをしなければならない立場にある。人間に必要欠くべからざる衣食住は、すべて植物によって授けられている。人間は植物に感謝の真心を捧げなくてはならない。

⁂

世界に生れでたものただわれ一人のみならば、別に何の問題も起らぬが、それが二人以上になると、いわゆる優勝劣敗の天則に支配せられて、お互いに譲歩せねばならぬ問題が、必然的に生じてくる。この譲歩を人間社会にもっとも必要なものとして、その精神に基づいて建てた鉄則が道徳と法律とであって、ほしいままに跋扈する優勝劣敗の自然力を調節し、強者を抑え、弱者を助け、そこで過不及なく全人間の幸福を保証したものだ。これが今日の人間社会の状態なのである。

ところが、そこにたくさんな人間がいるのであるから、その中には他人はどうでもよい、自分ひとりよければそれで満足だと、人の迷惑も思わず我利な行ないをなし、人間社会の一人としては、実に間違った考えを、その通り実行するものがいる。そのため社会の安寧秩序がいつも脅かされるのである。そこで、識者は、いろいろな方法で人間を善に導き、社会を善くしようと腐心している。今たくさんな学校があって、いろいろな学問を教えていても、続々と不良な人間が後から後からでてきて、ひどく手を焼いている始末である。学校教育では、もっと人の人たる道を教えるようにしなければいけない。

＊＊＊

今日、世界の情勢をみるに、またわが国の現状を見るに、わが国は富を蓄積することが大急務であることを痛感する。わが国は、これからさきうんと金が要る。国民はこのわが国を富ますことに大覚悟を持たねばならぬ。金は国力を張る一つの片腕である。人間無手の勇気ばかりでは、国は持てぬ、独立もできぬ。一方には燃ゆるが如き愛国心と勇気、一方には山と積む金、この二つの一つを欠いても国は亡びる運命に遭遇する。そこでこの金を生みだす天然資源が問題となる。日本には数多くの有用植物がある。一般の国民が植物に対してもっと知識があれば、新しい資源は続々と見付かることであろう。

＊＊＊

日本人は、わが日本は「桜の国」だと自慢し威張っているが、果して威張る資格があるであろうか？　私から見れば、これは少々噴飯ものだ、ことに、東京都の桜ときたら成っちゃいない。まことに残念なことである。
私が都知事だったら、東京都を桜の都にしてみせる。東京都全体が雲の如き桜花で埋もれるようにしてみたい。

⁂

美しい花ショウブは、日本の特産である。それにもかかわらず日本には、一大花ショウブ園というものがない。これではまことに物足りない。東京付近には、従来堀切や、四ツ木などに花ショウブ園があるにはあるが、あんな小規模なものではしようがない。世界的規模としては、少くとも一里四方位のものにしたら、外国人が見に来ても、まずこの位の広さの大花ショウブ園であれば、花ショウブの本国としてそう赤面せずにすむであろう。
まごまごしていると、アメリカさんにしてやられてしまう。なんでもアメリカでは、自国産の品でないにかかわらず「花ショウブ会」というものが設立されていると聞いている。わが国産の花の名所を他にとられてはまことに情けないことであろう。

⁂

私の胸に往来していることの一つは、熱海に一大サボテン公園をつくることだ。見渡す限りサボテンが大小高低参差として相依り相連なり、一歩園内にはいればたちまち熱帯国へ来たような気分になるようにしたい。これは、熱海の繁栄策の一つでもあろう。

＊＊＊

世人はいつも雑草、雑草と貶《けな》しつけるけれども、雑草だって決して馬鹿にならんものである。味わえば味わうほど、滋味のでてくるものがある。またその自然の妙工に感歓の声を放たねばいられなくなるものもある。世人は、今少し植物に関心を寄せて欲しい。そうするならば、その人はどれほど貴い知識と、深い趣味とを獲得するであろうか。

＊＊＊

私は、晩年に至るまで肩書きなどはもっていなかった。学位などがなくても学位のある人と同じくらい仕事をし、これと対抗して相撲をとるところにこそ愉快はあるものだと思っている。学位があれば、何か大きな手柄をしても、博士だから当り前だといわれるので興味がない。学問をするものは、学位や地位などには何の執着も感じてはならぬ。ただ、孜々《しし》として天性好きな学問の研究にはげむのが生涯の目的であり、また、唯一の楽しみというのでなければならない。

＊＊＊

教育は教師の実力が根本であって、教授術の如きは末の末であると思う。もし私をして文部大臣たらしむるならば、学校教師の実力の向上を第一に訓令する。知識を豊富にすることが極めて肝要である。徒《いたず》らに教育法や、教授術を説くものは、大砲を造ることに汲々として、砲弾の用意を忘れたものに等しい。いかに名砲を備えたといっても、砲弾がなくては単なる装飾物にすぎない。

＊＊＊

真の学者は、たとえ知識をもっていたとしても決して大きな顔などはしない。少しぐらい知識を持っていたとて、これを宇宙の奥深いに比ぶればとても問題にならぬほどの小ささであるから、それはなんら鼻にかけて誇るには足りないはずのものである。真の学者は死ぬまで、戦々兢々として一つでも余計に知識の収得に力《つと》むるものである。

＊＊＊

人を馬だといったらどうだろう。犬を猫だといったらどうだろう。誰でもこれを聞けば、そんな馬鹿なことは狂人でもいいはしないと、かつ叱り、かつ笑うであろう。

しかし、世間では、これに類したことが公然と行なわれているのは、確かに日本文化の低いことを証明していることだと痛感する。いわんや上は政府の官吏から、次は学者、次は教育者、次は世間の有識者かつ尋常の人とまでが、この犯罪者の中に入るのだと聞けば実に啞然として、開いた口が塞がらず、まことに情けなく感ずる。例えば、ジャガイモを捉えてこれを馬鈴薯だとする問題は正にこれであって、ジャガイモは断じて馬鈴薯ではない。馬だの猫だのといわれるのが嫌ならすみやかに昨非を改悛して馬鈴薯の名を追放し、以て身辺の穢れを浄むべきだ。そして、無知の誹《そし》りから脱出すべきだ、そうしなければ文化人としては落第だ。

＊＊＊

私は、日本文化のために、これまで世間で出版せられている総ての漢和辞典にある文字の旧《ふる》い訓《よ》み方を改めねばならんと痛感している。そして、この改訓はこの上もない大切な、かつ極めて重大な事柄で、実は学界にとっての緊切な大問題であるにかかわらず、誰一人の学者も未だかつてこれに指を染め、それを主張したことがなく、また実行する勇気の欠けていることは、文句なしに日本学者の恥辱であり、怠慢であり、日本学界の欠点であり、また学生たちの不幸でもある。

学界で厳粛に裁判官の役を勤める神聖な辞典が、誤謬を含んだ旧態依然たる漢和辞典であっては学生にも、教育者にも、また世間一般の人たちにも、彼らの要求する正確な知識を満腹さすことができなく、それは悲しむべき不幸でなくて何であろう。私は、ふだんこのことを心配している。今、手っとり早く、若干の植物について、間違った訓《よ》みのある実例を挙げ、私の主張が決して出たらめでないことを証拠立ててみよう。

⁂

まず第一に、ヨモギとしてある蓬の字であるが、これをヨモギだのムカシヨモギだのと言うのは大間違いである。そしてこの蓬は元来アカザ科などの植物を含んだ一類の草を指す名で、中国の北辺地に野生し、冬になって枯れると根が抜けていわゆる朔北の風に吹かれ、沙漠地などを転がり行く者の名であるから、早くその不当なヨモギまたはムカシヨモギの訓《よ》みを取り上げねばならない。もしもこの蓬へ和名を付けるとすればそれをクルマグサとかコロビグサとでもいったらよいのであろう。

⁂

次はカシ、即ちカシノキとしてある橿、彼《か》の橿原ノ宮と書く橿の字で、これは決してカシではない、中国の字書の『広韻』または『字彙』に万年木と出ているから堅い木の名には相違ないがしかし断じて我がカシノキではない、また橿は鋤ノ柄《すきのえ》の名でもある。

⁂

次はスミレに用いてある菫の字を昔からスミレ（須美礼）にしてあるが、この字はスミレとはなんの関係もなく、その本物は中国でも朝鮮でも畑に作られてあるカラカサバナ科（繖形科《さんけいか》）の食用植物なる菫、一名菫菜《きんさい》、一名旱芹《パセリ》である、これはまたオランダミツバ、すなわち「セロリー」（セレリ Celery 即ち学名 *Apium graveolens L.*）とも呼ばれる、昔から今までの学者がこの菫をスミレとしているのは全く杜撰至極と言わねばならぬ、そしてこの菫が元来蔬菜類の一つである事は『本草綱目』と云う有名な支那の書物にも菫として麗々しくその部類に入れられ、セリと並んで出ているではないか。今後は昨非を改めスミレに菫の字を用うる事を止めないと、つまり学問を冒瀆した事になる。

⁂

次は菅笠、菅原などと書く菅の字をスゲだのカヤだのと訓《よ》ますのは全然誤りで、この菅と云う植物は中国にはあるが日本には産しない禾本科《かほん》植物で、シナガリヤスと云うものである。

＊＊＊

次はワスレグサの名である萱（忘れると云う意味の字）をカヤとするものも全く間違いである、普通に刈萱《かるかや》と書いてあれど萱は決してカヤと訓《よ》むべき字ではない。

＊＊＊

次はススキを薄とするのも間違いで、この薄の字は決して草の名ではなく、それは迫ると云う意味の形容詞である、ススキは叢《むれ》をなして相迫り密生しているから古人がこの薄の字をススキに使用したものである。

＊＊＊

次は普通にケヤキと書いてある欅の字をかくケヤキと訓《よ》ますのは誤りである。そしてこの欅はすなわち中国での麻柳で、吾人は今これをシナサワグルミ或いはカンポウフウと呼んでいる、中国特産の落葉大喬木でクルミ科に属し、我がサワグルミと同属である。

次はツキとしてある槻であるが、この漢字は決してツキではない、昔のツキは今のケヤキのことだが、今日の山林家や材木屋などの呼んでいるツキもケヤキと同種でその材の下等なものである。

⁂

次にヒノキと書く檜の字は決してヒノキではなく、これはイブキビャクシン、即ち略してイブキと云うものである。

⁂

次にスギに用いてある杉の字は実はスギではなく、この漢字の杉の本物はコウヨウザンか或いはイヌガヤ属の一種かの名で、日本のスギとはなんの関係もない。

⁂

次は梓の字を、昔からアズサと云っているのは大間違いである、ゆえにアズサユミを梓弓と書くのは正しくない、そしてこの梓は日本に産しない落葉樹でノウゼンカズラ科のキササゲと同属に属し、白花が咲き和名としてトウキササゲの名がある、元来我邦でアズサと呼ぶ本物はカバノキ科のヨグソミネバリと称える落葉喬木で深山に生じ、古《いにし》え弓に作ったものである。また梓をカワラヒサギ、すなわちアカメガシワとするのも間違っている。

⁂

次は通常フジとしてある藤の字をフジと訓《よ》ますのは間違いで、この藤の字はよろしくツルとかカズラとかにせねばその訓みにはならない。つまり藤の字は蔓物の総名たるに外《ほか》ならない。かの花を賞するフジは紫の一字を上に加えて紫藤としなければフジの名にはならんが、しかし精密に言えばそれは中国産のフジの名で日本のフジには実は漢字で書くべき名は一つもない。なんとならば中国の紫藤と日本のフジとは同属ではあれど種が違うからである。

⁂

次はかの高山樗牛と書いてある樗の字だが、古くからこの字をヌルデだのオウチ(今云うセンダンすなわち楝《おうち》)だのとするのは誤りで、これは今日云う神樹、一名ニワウルシのことである、元来中国原産の樹木の名で、かの「樗櫟《ちよれき》の材」と謂《い》われているものである、明治初年に日本へも移植された。

＊＊＊

次はハゼノキ、すなわちハジノキに使ってある櫨の字だが、これは黄の字を添えた黄櫨《こうろ》を略したものである、これを昔からハゼノキとしているのは大変な間違いで、この黄櫨は日本に産しない樹である、日本では極めて稀に庭園に植えられていてカスミノキの和名が与えられている、葉は単葉で対生している。

＊＊＊

次は日本のサクラに使ってある桜の字は決してサクラではない。元来この桜の字はそれへ桃の字を加えて書く桜桃を略したもので、この桜桃は中国の特産で日本には産しない。その実が食えるのでそれが果木の仲間に入れてある。今日市場に出るオウトウは欧州原産のものでたとえ呼び名は同じでも物は違っている、植物界では西洋実ザクラと謂《い》って中国実ザクラすなわち本当の桜桃と分っている。

＊＊＊

次は楠木正成などと書いてある楠であるが、これをクスノキとしているのは大変な誤りである。またユズリハとするのも間違いである。そしてこの楠の本物は元来日本に無い樹だからしたがってもとより日本の名は無い。クスノキは樟が本字である。

＊＊＊

次は椿《チン》だが、この椿の漢字をツバキと訓ずるのは間違いであって、漢字の時は字音はチン、訓《よ》みの時はチャンチンでなければならない。そしてこの漢字の時の椿の字をツバキと訓ましては悪い、椿《チン》と同じ字体でこれをツバキと訓ます場合は、それは和字即ち日本製の字になるのでもとより字音は無い筈だが、強《し》いて字音で呼びたければシユンと云うより外に仕方がない。つまりツバキの場合は決してそれをチンと発音してはならない。ゆえにツバキのことを書いてある烏丸光広卿の百椿図《ヒャクチンズ》はよろしく百椿図《ヒャクシュンズ》と云わねばならん理窟だ。

＊＊＊

次は通常ハギとして用いてある萩の字は、漢字としてはこれをハギと訓ませては悪いのである。漢字と同じ字体に日本で拵《こしら》えた萩の時だけがハギで、漢字の萩《しゅう》はハギとは何の関係もない。このように和製の萩はハギとしてできた字ゆえにもとより字音はない。それは峠《とうげ》、裃《かみしも》、挘《むし》るなどの字と同じ事だ。

次は楓であるが、日本ではこれをカエデまたはモミジに使っていれど、これはフウと云う樹、すなわち学名で言えばマンサク科の Liquidambar formosana *Hance* でカエデとは全く別の樹である。かの有名な杜牧の詩である「遠上寒山石径斜、白雲生処有人家、停車坐愛楓林晩、霜葉紅於二月花」の楓は決してカエデではない。しかしこの楓の葉も相当に紅葉するので中国人はこれを観賞する。

＊＊＊

次は茱萸をグミと訓《よ》ませてあるがこれは決してグミでなく、それは小さい乾いた実を結ぶ呉茱萸《ごしゆゆ》のことで、この実を薬用にする。すなわちかの九月九日重陽《ちようよう》の日に中国人の使ったものだ。日本の漢学者などがこの茱萸《しゆゆ》をグミとしているのは、とんでもない大間違いだ。

＊＊＊

次は野菜類の菘の字を昔からタカナとしているが、これは断じてタカナではなく、正しくはトウナとせねばならぬ、またこれをカラシナと訓《よ》ませた字書もあるがもちろん間違っている。この菘の一名を昔から白菜と云うのだが今日の結球白菜もその一品である。

＊＊＊

次は柊の字をヒイラギ、榎の字をエノキ、樒の字をシキミ、柃の字をヒサカキ、蔦の字をツタ、蕗の字をフキと訓《よ》ますのはいずれも非である。また柘の字をヤマグワとするのも非で、これは中国原産の有名なハリグワである、雌雄別株の落葉樹で稚木には枝に刺があり、実は赤色を呈して甘く食うことができる。葉では一種の蚕を餌育する。

また茸の字は本来はキノコ、タケ、ナバ、クサビラではない。また、橘の字はタチバナではなく柚の字はユズではない。

＊＊＊

また、栗の字は支那グリの名であって、厳格に言えば日本のクリには当て嵌《はま》らない。畢竟《ひっきょう》日本の栗には漢字で書くべき字面を持っていない。また松も実《じつ》は中国産の物に限った名で、日本産のクロマツ、アカマツはともにこの松の字を適用することができない。つまりこのクロマツ、アカマツには書くべき漢字がないわけだ。

＊＊＊

終りにも一つ、国鉄では、今なお「改札口」という語を用いている。この改札なる語ははなはだ悪く、全く意味をなしていない。このような語を平気で用いていることは国鉄の恥である。これはよろしく検札口と改正し改善すべきものだ。「改」は変更するアラタメであり、検査するアラタメではない。

味噌、糞の見さかいもなき園芸家

　毎年五月頃になると東京の水菓子屋（果物店）へオートーと呼ぶさ、く、ら、ん、ぼ、う、が出づる。それは世人があまねく知っている小さき円き果物で通常赤く熟し見た所すこぶる愛らしいものである。また色の淡きもの或いは黄色を帯びたものなどもあって子供などは喜んで食べる。東京へは多く山形県辺りから来る。同地辺りではこの果物がよく実のるのでその樹を多く栽培しているからである。これはもと西洋から来た種類である。オートーとはどう云う意味かと言うとこれは仮名遣いはおうとうですなわち桜桃から出発したものである。これらを総て桜桃と呼べとは先年園芸家が東京に集まって会議しこれらの品種の名称を議した時そう一定するのだと取り極めたもので、当時その会議に列席した人々の中には博士など称する人達も交っておったがこれらの人々までもよい気になって桜桃だ桜桃だと連呼した。

　とんでもないことである。桜桃とは元来支那の特産植物でこの植物以外に桜桃なく桜桃以外にこの植物は無いのである。そして決して西洋には産しない学問上 Prunus

Psendocerasus Lindl. と称する一樹である。すなわち桜桃とはただこの学名の品に限られた固有名でこの樹以外には前記の通り桜桃と称するものは世界のどこにもありはしない。この桜桃は明治の始め頃に我日本へも渡り来り今でも諸処で折々見掛けるが、しかし盛んにこれを栽培しているところは無いようである。早春葉に先だって淡紅色の花が咲きちょっと我がひがんざくらを想わせる。花後葉が出で後、赤い円い直径五分位な果実を結び食用となるがこれはあまり市場へは出ないようである。樹は灌木立ちで本《もと》から分枝して叢生し葉は八重桜の葉ほど大きい。

前に述べた今日市場へ出るいわゆるオートー（おうとう）は決して支那産ではなくこれは上に書いたようにもと西洋から来たものであって東洋方面には全然天然には産しない種類である。学問上の名は Prunus avium *L.* と云い俗に Sweet cherry と称する。春新葉とともに白い花が咲く。

かように両品明らかに別種で、一つは東洋産、一つは西洋産と全然異っているものを果実が似ていると云うので、何の思慮もなくこれを一つに律して東洋産品の一種の固有名なる桜桃を西洋産のものへも被むらせ、これを一緒に桜桃と呼ぶのだと決議するなんて乱暴至極な遣り方である。それゆえ今日では西洋種のものを桜桃と呼んで誰も怪しまぬほど世の中を欺むいた姿となっている。したがってその間名称の混乱を惹き起しまことに困った現状に置かれている。そしてその罪は誰が負うかと言えば、無論前述会議に与《あずか》った園芸家の連中であらねばならない。この会議の時相当知名の学者も交っていたが、誰も正当な意見を述べ得なかった。ことほどさようにその辺りの事実には「イグノラント」であったことが想像せられる。それだから「味噌、糞の見さかいもなき園芸家」と謡《うた》われても仕方があるまい。

農家の懐ぐあいで甘藷が変わった

だれでもよく知っているさつまいも（甘藷）に、だれでもあまり気の付かぬ事がらが一つある。すなわちそのあまりに知られていない事がらとは、その種類の上についてみても、また実際の上についてみてもかなり重要なことでありながら、従来甘藷を書いたいろいろの書物にそれがそう徹底して明らかに書いてないのはどうしたものか。日本に作られているさつまいもは、およそ明治三十五年頃を界《さかい》として一大変動が起こっている。つまりその年の前後にさつまいもの品種の大転換が行なわれたのである。かくこの重大な異変がこの薯《いも》の上に起こっているにもかかわらず、それをそうはっきりと説破してある文章に出会わないのは不思議である。ゆえに世人はいたずらにこの事実を看過し、いっこうに気が付いていないようである。

元来品種の転換が行なわれたとはどうした事がらか、すなわちそれは、それまであまねく作られてあった品種が急に他の品種と置き換えられたことで、つまり新品が旧品を駆逐してその分野を占領したのである。

これを理解するにはちょっと予備知識が要る。すなわちそれは日本に作られてある甘藷に二つの大区別があることをまずあらかじめ知っておかねばならぬ。その二つとは何か、すなわちその一つはエズリス（Edulis）品種で、他の一つはバタタス（Batatas）品種である。元来この二つは一つの種すなわちスペシース（species）の中のものではあれど、わが日本の甘藷を考察するうえでは、実際この二つの品種に重点を置かねばならぬ必要がある。すなわちそれが実地に即した見方の基礎である。日本へ渡来した後今日までの甘藷を考えるには、ぜひともその点から出発しないと正鵠《せいこく》を得た説が得られない。

上に述べたようにその二つの品種の転換は、元来何に原因して起こったかと言うと、それは疑いもなく農家の経済状態がついにこの藷に影響した結果にほかならないのである。すなわち物価が騰貴し生活が困難になってきたからである。そしてこの事態がついに甘藷の品種を左右した問題をわれらに投げつけたのだ。

前文に明治三十五年頃を界《さかい》として品種の転換が行なわれたと言った。すなわちこの時分から前のものがかのエズリス品種で、後のものがバタタス品種である。この前の藷のエズリス品種は味がうまいが、後のバタタス品種は味がまずい。このまずい藷が進出して普遍し、このうまい藷が影を潜めて寥々《りょうりょう》たる有様となったのは、確かに一つの変相をわれらの前に提供したといえる。

元来さつまいもは主として農民の常食品で、彼らの生命をつなぐ必需な材料である。物価が高くなり、農家の経済状態がむつかしくなってきた結果、彼らの要求するものはなるべく手数がかからずに多量の収穫があって、かつ久しく貯蔵のできる品である。この必至の状態から、あまり味の善し悪しなどの贅沢は言っておられなくなり、味は少々まずくとも収穫さえ多く、また久しく貯蔵さえできればやむを得ず、それで満足せねばならぬことに立ちいたった。つまり背に腹は代えられぬのである。九州でのある農夫は言っていた。この頃のいもは味はうまくなく、多少腹にももたれるが、従来のいもよりも今日のいもの方が収穫が多いから、それでこれを作っているのだと。

このように、その味がうまくなくても収穫の多量にあるものが勝ちを占め、大いに農民を駆ってそれが作られるようになったが、なおそれに拍車をかけたことは、エズリス品種の方に農家のひんしゅくする弱点が多かったからである。すなわちまず第一番にその収穫量が少なく、いもは冬期貯蔵中に腐りやすく、そのうえ旱天が続くと蔓《つる》が弱って生長が鈍くなるのである。ただその長所はいもの味が佳《よ》いことであるが、しかしこの一点だけではもはや農家がその栽培を続け行くことがとうていできない時世に当面していた。

従来からのさつまいも、すなわち前文にエズリス品種といったものは、さつまいもが古くわが邦に渡来してからの品で、明治三十五年頃まではわが邦一般にあまねく作られてあったものである。今からおよそ百六十年ほど前に、欧洲の植物学者のツンベルグが肥前の長崎へ来て、その辺に作ってあったこのさつまいもを見て、これを新種と考えそれへコンヴォルヴルス・エズリス（Convolvulus edulis *Thunb.*）の学名を与えた（この名は後の学者によってイポメア・エズリス〔Ipomoea edulis〕とせられた）。同氏は無論バタタス品種を知っていたに違いないので、当時右わが邦に作られていたさつまいもがそのバタタス品種とは異なった品であると同氏の眼には映じたわけだ。じつにこのエズリス品種をバタタス品種と見くらぶれば、容易に両者の区別ができるのである。

しからば右のエズリス品種に代わって、明治三十五年頃以来今日一般に日本を支配しているいもはなんであるかと言うと、それはバタタス品種である。これはイポメア・バタタス（Ipomoea Batatas *Lam.*）という学名のもので、英語では俗にスウィート・ポテート（Sweet potato）と呼んでいる。

この種はもと熱帯アメリカの産であるが、今日では最も広く世界の各地に拡まっている品である。そしてこの品も少々は古くから日本へ来ていた。たぶん往時このバタタス品種もエズリス品種も、ともに同時頃に入ってきたものであろう。しかるにバタタス品種の方は、薯《いも》の味が一方へ比べるとうまくないもんであるから、あまり人々がこれを顧みなかったのであろう。そして一般には味の佳いエズリス品種を作るようになったと信じ得られる。経済のゆったりした前日の時代ではそれでも済んでいたのだが、今日のように緊迫した世相となってはそれではとても行かなくなってきた。その弱点へつけ込んで一瞬間に国内の畑地を占領したのが収穫の多いバタタス品種の全盛時代で、これは今後も無論永く続くのであろう。

じつを言うと前のエズリス品種は元来はバタタス品種の一変種（私はかつてその学名を Ipomoea Batatas *Lam.* var. edulis *Makino* と定めた）であるが、これをバタタス品種に比ぶれば自ずから相異なっている点があるので、そこで前に記したツンベルグもそこに眼をつけてその品種について云々したものである。

世界的に広く眼を放って見れば、右のエズリス品種はこれをバタタス品種に比ぶれば、量が少なくてかつわりあいに稀なものではないかと想像する。西洋の書物に出ているこの植物の図は私の見たものはことごとくみなバタタス品種で、エズリスの図はまだ一つも見たことがない（ただし日本の書物には出ている）。

上に記したように、今日の日本ではバタタス品種が一般に拡まって幅を利かしている一方、前日の時代に優勢であったエズリス品種は凋落の運命を辿り、栄枯盛衰まったく地を換えた現状であるが、しかしそれでもまったく尽き果ててしまったのではなく、細々ながらも余端《よぜん》を保って残煙をあげているのはわれら植物界の人にとってはとても嬉しいことなので、それについては奥様、お嬢様、女学生様、お女中様方々に篤き感謝の意を表せねばならないのである。それはそれ、皆様方の御好物な焼いもが現代に現存しているので、そのおかげでこのエズリス品種のいもが幸いにも、例せば、川越などで作られいわゆる川越いもの名のもとに市場に売られているので、まずまず当分はいよいよという寂滅の断末魔もそう早急には廻って来まいから、われらはほっと安堵の胸をなでおろしている次第だ。

味の佳いエズリス品種の薯は、切って肉の色が白黄できめが粗く、蒸すといわゆるくりいもとなるが、バタタス品種の方は、切って肉の色が白くきめが細やかで、蒸すと多くは通常いわゆる水いもとなる。皮の色は両方ともいろいろあってこの皮色のみではあまり両品の区別とはならぬ。

畑に臨んでその生えているのを見ると、エズリス品種は、茎がより太く新葉とともに紫色を帯ぶることが多く、それゆえその畑を見渡すときは紫色を呈している。葉は丸い心臓形で葉縁に耳裂片が稀にあるのみである。

バタタス品種は茎が細長く、新葉とともに通常は色が淡く緑色が勝っている。葉縁には耳裂片があり、ときとしてはその葉がモミジの葉のように分裂しているものもある。

右の両品ともその花は同じで、ちょうど朝顔の花を小さくした形で淡紅紫色を呈している。台湾、琉球などの暖地ではひんぴんとして花が咲き実も生《な》るが、内地ではまことに稀に花が咲くにすぎないゆえに、花咲けば人々がこれを珍しがる。もし人工で花を咲かしたいならば、三枚くらいの葉を付けておいてその茎の両端を切り、その上部を下にし逆さまに地面へ挿して植えておけば花が出ると聞いたことがある。

ところによるとその葉柄《ようへい》を煮て味を付け食用にする。葉は蔓《つる》とともに捨て去るものゆえ、それが食品になるとすると一つの蔬菜がふえて好都合である。われわれは平素このようなことに目を付くるのはまことにたいせつなことと信ずる。いわゆる廃物利用である。

市場に早く出るいもはバタタス品種で、これは作りようによって早くいもを着けさすことができる。ここに別に早作りの一法がある。それは夏はじめに薯塊から蔓を発出させ、この蔓を薯塊から切り取らずにそのまま薯塊とともに地に植えておけば、新いもがふつうより二十日ばかり早く生ずるとのことである。

さつまいもという名は今日ふつうの称呼となっていて、どんな品種でもその総名はこれで通っている。いわゆる一つの通称となっているのである。しかし旧来からの方言、例えばカライモなどの名がある所では無論それで呼んでいる。われら植物学の方面では、かのバタタス品種とエズリス品種を分かって呼ばねばならぬ必要から、エズリス品種をさつまいもと称え、バタタス品種をアメリカイモと言っている。徳川時代でのことはさておき、明治維新以来日本においてのエズリス、バタタスの両品種を略叙すれば、まずざっとかくのごときものである。吾人今その変遷の跡をたずねてみれば、その間また多少の感興なくんばあらずである。

『大言海』のいんげんまめ

大旱の雲霓《うんげい》を望むがごとくに憧がれていた文学博士大槻文彦先生の大著『大言海』の初巻が発行になったのでさっそくに購《あがな》い、取る手遅しとこれを繙《ひもと》き閲覧してゆくうちに、今日ふつうに東京辺で言ういんげんまめを本条いんげんささげとなし、その解説として左のごとく書いてあるのが目に付いた。私はこれについて少々云々したくなったので、まずその全文を左に転載する。すなわち、

いんげん―ささげ（名）　隠元豇（明の僧、隠元、承応三年帰化し、始めて齎せりと云ふ）豆類。苗も葉も、ふぢまめに似て、細小なり、葉の間に、白、紅、紫等の花を開く、ふぢまめより早く莢を結ぶ、形、扁く、長さ四五寸、未熟なるは、莢と共に煮て食ふ、さやいんげんと云ふ。豆は、そらまめより小さく、白くして光る、変種なるは種々の色あり、一年に再三熟す、又、いんげんまめ。いんぎんまめ。共に東京の称。一名、たうさゝげ。ぎんさゝげ。えどふらう。かまさゝげ。

である。そしてこれは初版の『言海』もほぼ同文であって、それが今回の『大言海』

になってもなんらその間に新味が加わっていない。この大槻先生の文は、小野蘭山の『本草綱目啓蒙』を土台として書いたものであることは左の『啓蒙』の文を一瞥すればすぐ分かる。すなわち今参照の資にこれを左に抄出してみよう。

又一種とうさゝげと呼あり一名いんげんまめ江戸信濃まめ伊州五月さゝげ和州甲州ふらう讃州江戸さゝげ播州江戸ふらう、ふらう、まごまめ、にどふらう俱ニ同上にどなり勢州三度さゝげ阿州ちやうせんさゝげ肥州なたさゝげ奥州かまさゝげ丹波八升まめ江州かぢはらさゝげ、ぎんさゝげ越前仙台さゝげ下総漢名菜豆盛京通志これは苗葉扁豆に似て早く莢を結ぶ形扁くして長さ三四寸未だ熟せざるときは皮を連て煮食ふ熟する者は、その豆蚕豆より小にして光沢あり、白紅黒十数色あり其早く熟する者を栽て再三豆を生ずべし故に二度ふらう三度さゝげの名あり。

『啓蒙』の文は上のごとくであるが、この豆は今日東京を中心としてふつうに人々の称えおるいんげんまめである。その学名は Phaseolus vulgaris *L.* で、その原産地はけだしアメリカ方面であろうといわれているが、今日では広く世界の各地に拡まってその莢《きょう》と豆とが日常の食物となっている。

わが邦へはたぶん今からおよそ二百三十年前後に入り来たったものであろうと思われることは、同じく二百二十四年前の寛永五年にできた（出版はその翌年である）貝原益軒の『大和本草』にある「近年異国より来る」（その全文は下に見える）という文句を見てもうなずかれる。その後安政三年出版の飯沼慾斎著『草木図説』には「五月さゝげ、たうさゝげ、菜豆」としてその図説が掲げてある（明治八年版の新訂本にいたって始めていんげんまめの名が新たに田中芳男、小野職愨《もとよし》両氏によって補入せられた）。今日小学校、中学校、師範学校、農学校、女学校等の教科書または植物学書に、いんげんまめと書きあるいは図示してあるものはみなこの種で、ふつうの学者のほとんどだれでも、これよりほかにはいんげんまめというもののあることにいっこう気が付かないようだ。そこで彼らはいんげんまめという名は絶対的のものであると思っていはせぬかと思われる。その豆の皮色には種々あって、なかんずく茶色斑のものをうずらまめ（大豆の一品にもうずらまめというものがある）と称する。私の少年時代、私の郷里土佐高岡郡佐川町では、ただその豆の紫黒色のもの一種のみあって、これを銀ぶろうと呼んでいたことを覚えている。それは嫩《わか》き莢は食わずに、ひとりその豆のみを煮食していた右のいんげんまめの漢名であると蘭山がいっておる菜豆は、そこに転載した『本草綱目啓蒙』が引用しておるように『盛京通志』に出ていてその巻の二十七、物産、穀の属の中に「菜豆如篇豆而狭長可為蔬」と書いてある。

このいんげんまめの称はじつは一つの冒称であって、この豆をかく呼ぶのは確かに不純な称であることを私は断言するに躊躇しない。この称えは、たぶん往時江戸（今の東京）を中心として出発し、四方に拡がったものではないかと思われる。されば『本草綱目啓蒙』にもいんげんまめの名下に江戸と註し、当時はそれが江戸の称呼であったことを証拠立てしているのはすこぶる興味がある。されどこの名称がこの豆へ対して下されたのは前述のとおりまさに不純であることはその間に争えない事実が存しているのを知れば自ずから氷釈せらるる（後条参照）。関東では爾来その不純な冒称すなわち贋造の名が拡がって、ついに今日のような該名万能の結果を招来馴致して四方を風靡し、多くの学者を盲目にしているのである。かえりみて今から二百二十年前頃には、まだ一般にはひろくこの豆をいんげんまめとはいわなかったことは、正徳二年に編成せられた寺島良安の『倭漢三才図会』のこの品についての記載文を見れば、この称《とな》えが挙げてないからその辺合点が行くだろう。すなわちその原文を直訳すれば「唐豇豆《こうとう》一名朝鮮豇豆莢の長さ三四寸幅五分ばかりの扁豆の莢に似て曲がらず、六月の初めにこれを出し、豇豆未だ出ざる時煮《に》て食いもって珍となす。しかれどもかすかに青臭の気あって美ならず」と言う。しかしこの『倭漢三才図会』より四年ほど前に出た貝原益軒の『大和本草』には「隠元豆、豇豆の類なり漢名未詳近年異国より来る又梶原さゝげと云皆鄙俗の名づくる所なり葉は赤小豆に似て蔓生ず莢は大豆より長く豇豆より短く厚し五月に早くみのる又栽れば一年に二度みのる菜として煮食《しゃしょく》する事豇豆に同じ子の色白く粉をぬるが如し京都にては眉児豆《いんげんまめ》（牧野いう、Dolichos Lablab *L.* を指す）を隠元豆と云与此別也」と書いてあるから、世間の一部では既にいんげんまめともいっていたことが想像せらるる。とにかくこの時分にはこの豆はそうふつうではなく、むしろ珍しかったであろう。

上のいんげんまめ（Phaseolus vulgaris *L.*）は、前に述べたように例え今日その称呼が拡がって、あたかも通名のようになっているとは言え、このいんげんまめは、かの隠元禅師とはなんらの関係もない豆であるということを知っておかねばならない。それを上の『大言海』（三省堂の『日本百科大辞典』なども同様）に禅師に関係があるとし、本文の始めに引用してあるように「明の僧、隠元、承応三年帰化し始めて齎せりと云ふ」と書いてあるのは、この豆に対しいわゆる認識不足で、種々百般の事がらについてあたかも裁判官の役目を務むる辞典、ことに碩学のきこえあるその著者が、幾十年かにわたる各条の推敲《すいこう》に推敲を重ねたこの『大言海』の中身に、こんな分かりきった事実の疎漏《そろう》があるとはまことに意外の感に打たるる。なおその他にも、特に草木のことについてはすべからく訂正修補を施すべきもの数ヶ所（例えばあずさ、あまづらなどの）あるを見受けるのは、それはほんの大海の一粟《いちぞく》のようなものではあれど、その挙げられてある事項がそう軽い事がらのものでもないとすれば、それはあたかも爛々《らんらん》たる太陽面に黒点を印し、皓々《こうこう》たる白璧上に春泥を留むると一般憾《うら》みてもなおあまりがある。

著者大槻先生は一面にいちょう（鴨脚、支那音やちゃお）の件のごとく、きわめて斬新《ざんしん》な発見事実を高唱せられているかと思えば、他の一面には、既に陳腐に帰したたわいもない旧説（草木に関して）をのべられ、あえて世人の蒙を啓《ひら》くべき新訂説をその間に窺うことのできぬ点もあるのは、まことに本辞典をStandardの価値あるものとして渇仰し、崇拝し、かつ謳歌する吾人一般の不幸である。おもうに、学は古今にわたり識は内外を傾けられし碩学大槻先生の、全精力を傾倒し尽されし最新の著述でさえこの欠陥があるのを見れば、今日駆け出しの白面学者が、百科辞典のごとき重大な書物にあえてわが力量をはからず、臆面もなく相競うてその浅薄な筆を弄し得々たることは、まことにひんしゅくを禁じ得ない。

要するにこの『大言海』は、少なくともその草木の部においては前述のごとく、確かにいま一度の再校訂を必要とすることは論をまたぬ。とにかく今回の『大言海』には、ある事がらについては大槻先生逝去の前、とく既に正確なる新事実が明らかとなっていたにもかかわらず、なお依然として陳腐な旧説が雑居していることは事実で、これは本辞典の権威に対してもまことに残念しごくである。したがってこの辞典を繙《ひもと》く者は、一から十まで割引きなしにその記事を標準視して、これを鵜呑みにするわけにはゆかない結果となるから、使用者はその心してこれをみる必要が大いにある。まことに世間を憚《はばか》らぬ僭越な申し分ではあるが、私は今にして思えば、たとえ大槻先生には一度の拝顔を得ていない間がらであったとしても、その草木の事がらに関しては同先生の在られし日に、押してもこれらを先生に申し上げていささかでも参考の資に供え得なかったことを、この宝典のためつくづく残念に思うのである。今は詮なし、もはや先生を逐《お》うべき術なきをひたすら歎くのほかはない。

明の僧で、黄檗山《おうばくさん》万福寺を山城宇治に草創し、日本黄檗宗の開祖となった支那の黄檗山の隠元禅師が、今をへだたる二百七十八年前の承応三年（一六五四）に帰化した時、始めてわが日本にもたらしたと称せらるるいんげんまめ（隠元豆）は、上に述べたように *Phaseolus vulgaris L.* のいんげんまめではないとすれば、それならそれはどんな豆であったか、次にそれについて明らかにこれを述べてみよう。

この隠元禅師と関係のあるといわるる豆は、すなわち古くから称え来たったいんげんまめ、すなわち隠元豆で、この称呼はなお関西方面の諸州で現に呼ばれているものである。すなわちここに掲ぐる図の品がそれで、その学名は Dolichos Lablab *L.* である。これは、もとはたぶん旧世界の熱帯地の産であろうとのことであるが、今は広く世界の各地で栽培せられている。種名の Lablab は、アフリカ洲エジプトの土言だと称せらるる。このいんげんまめの支那に入ったのはすこぶる古代に属する。したがって同国の古い書物にはよくこれが藊豆《へんとう》（李時珍がいうには、藊はもと扁に作ったもので、それはその莢の形が扁《ひら》たいからであると）の名で出ており「人家種之於籬援其莢蒸食

甚美」、「此北人名鵲豆以其黒而白間故也」、「今処処有之人家多種於籬援間蔓延而上大葉細花花有紫白二色莢生花下其実亦有黒白二種白者温而黒者小冷入薬当用白者」ならびに時珍の曰く「扁豆二月下種蔓生延纏葉大如盃団而有尖其花状如小蛾有翅尾形其莢凡十余様或長或団或如竜爪虎爪或如猪耳刀鎌種種不同皆纍纍成枝白露後実更繁衍嫩時可充蔬食茶料老則収子煮食子有黒白赤斑四色一種莢硬不堪食惟豆子粗円而色白者可入薬本草不分別亦欠文也」などと解説がしてある。

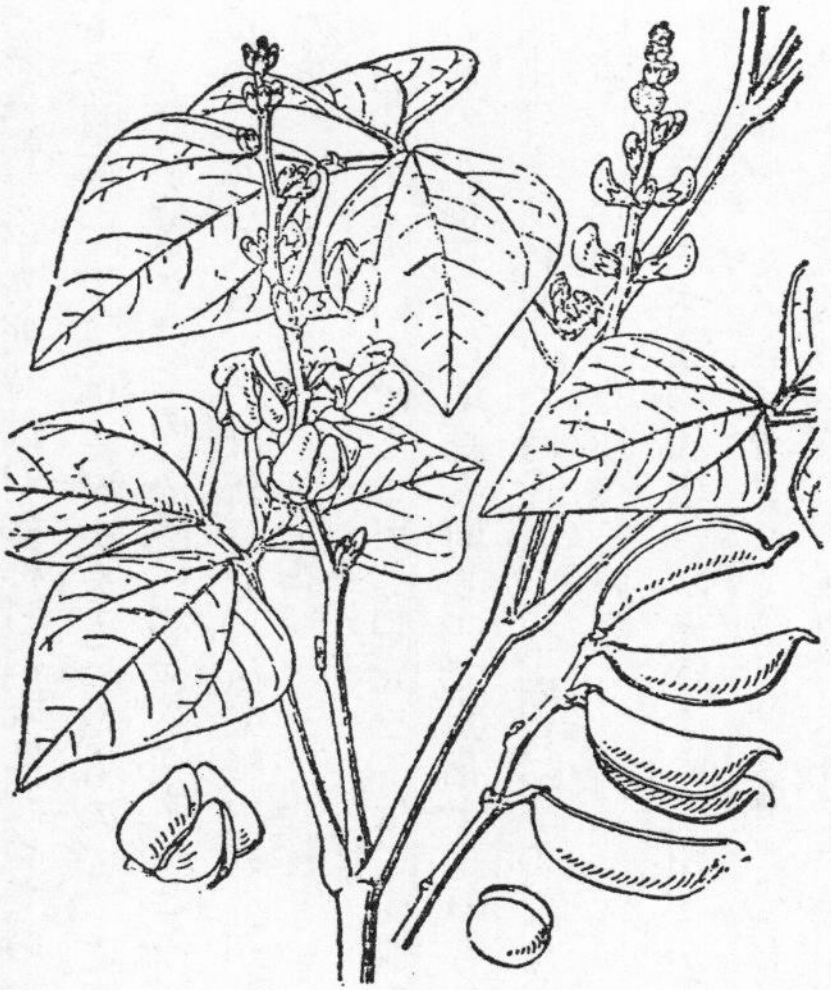

いんげんまめ　一名ふじまめ, 古名あじまめ, 藊豆, 鵲豆（Dolichos Lablab *L.*）

　この豆を前述のごとく承応三年に隠元禅師がもたらしたとすれば、それは今をへだたる二百七十八年前にわが邦に伝わったこととなる。すなわち後光明帝の末年に際し、徳川四代将軍家綱の時代で、西暦一六五四年に当たっておる。この豆はこの年を出発点（もっともその前遠く王朝時代

(奈良朝、平安朝時代の総称)に既に渡っていたとの説もある〕としてわが邦に拡まり今日におよんでいる歴史をもったもので、これをかの菜豆のいわゆるいんげんまめ(いんげんささげ)の伝来に比ぶればずっと古い。ゆえに菜豆のいんげんまめは、真正の隠元豆へ対しては新豆で、伝来歴史の上からみれば一方ほど幅が利かずまた顔色のない品である。

右の本来のいんげんまめ(隠元豆)は、支那の従来の説では多くは、その白花白豆のものが藊豆《へんとう》(白扁豆も同じ)で紫花黒豆のものが鵲豆《ふじまめ》となっている。しかるに小野蘭山は上に抄出した時珍(『本草綱目』)の説くところにしたがってその著『本草綱目啓蒙』に次のごとく述べている。

藊豆《へんとう》　あぢまめ和名鈔、とうまめ土州、かきまめ予州、ひらまめ

鵲豆《ふじまめ》　いんげんまめ、かきまめ雲州、つばくらまめ遠州、かんまめ同上、なんきんまめ筑前、ふぢまめ江戸、八升まめ勢州、さいまめ上総、せんごくまめ勢州白子、いんげんさゝげ佐州、とうまめ城州黄檗

鵲豆は春種を下し藤蔓《つる》甚長し葉は葛葉に似て小さく毛なし花に紫白の別あり後扁莢を結ぶ未だ熟せざるとき莢を併て煮食ふ熟すれば、豆円扁黒褐色或は茶褐色にして旁に白眉〔牧野いう、すなわち臍でhilumを指す〕あり、白花の者は色潔白にして小黒点あり、薬用の白藊豆は苗葉の形状鵲豆に異ならず只莢闊く内に硬殻

ありて未熟の者も煮食ふに堪ず、豆は白き鵲豆に比すれば微黄を帯て黄大豆の色の如く黒点なし。

かく蘭山は右のように、白花硬殻莢白豆のものを薬用品として、ふつうの白花白豆ならびに紫花黒豆のものを食用品として分っていれども、しかしこれはただ同種中の少差異でともに Dolichos Lablab *L.* の一品に属し、さほどやかましく言説するほどのものではない。そしてこの蘭山の挙げた薬用品のものは今世間にあるか否か、恐らく今日は見られない品ではないかとも思われる。なんとなれば、今諸州に作っているものはみなその莢を食用とするのを目的としているからであるのと、かつは漢方医法が久しくすたれて、したがって漢薬としてのその需用がないのとで、人がそれを栽培せぬからである。しかし田中芳男、小野職愨両氏同撰の『有用植物図説』（明治二十四年発行）には、ひらまめ一名あじまめの藊豆に「鵲豆と同種にして扁大なる嫩莢を煮食するのみならず其子粒に白色、淡茶色、紫黒色等あり、共に煮食して脆美なり」の解説を付して、その莢も豆も食うて美味なことがうたってあって、蘭山の言うところと一致していない。よって想うに、この種にはいろいろの変り品があるから、あるいは名は同一となっていても甲乙両者の指す実物は違っているかも知れないと思う。これはただ一種中に行なわれる相互の小異ゆえ、その辺の混雑は必然的に有り得べきであろう。

この種に対しての今日の植物学者の通用する和名はふじまめである。これはその花が紫色で、ふじの花に似ているとの見立てからの名である。しかしその隠元禅師と連繋せる歴史を帯びたいんげんまめ（隠元豆）の名は、今日でもなお死語とは化せずに生きていて、既に上に記したように関西の諸地では現にこれをいんげんまめあるいはいんげんと呼んでいる所があるから、私は本種の正名としてはこの名をその正位に直し、ふじまめをその副名とし、あじまめをその最古名とし、僭称者の菜豆のいんげんまめ（Phaseolus vulgaris *L.*）をごがつささげ（五月ささげ）とすればいいと思っているが、しかし今日これほどまでに瀰漫《びまん》せるそのいんげんまめ（菜豆の方）の名称を平らげることはとてもできかねるので、この点は名称学者の頭痛の種である。しかしそう理想どおりには改名ができぬとしても、誰でもこの両種すなわち Dolichos Lablab *L.* と Phaseolus vulgaris *L.* との和名のいきさつくらいは充分明らかに呑み込んでおき、かの『大言海』や『日本百科大辞典』などのごときへまをやらぬよう用心するのが確かにたいせつなことだと信ずる。

このいんげんまめすなわちふじまめの莢は、短く平たく長さおよそ二寸、幅およそ四分ばかり、数莢が梗上にならび付き横に向こうている。その豆には太くて長き臍がある。この種は関東地方よりは関西方面に多く作られている。

今から二百六十六年前の寛文六年に出版になった中村惕斎《てきさい》の『訓蒙図彙』に、この種に対してのわが邦始めての図が出ており、あぢまめ、一名かきまめの名が署してある。くだってこれから四十四年を経、今から二百二十年前の正徳二年にできた寺島良安著の『倭漢三才図会』巻の百四、菽豆類に藊豆と白扁豆との図説がある。

藊豆《いんげんまめ》　和名　阿知万女、俗名　隠元豆

按ずるに藊豆は本朝古えより有りて甚だ用いられず、承応中黄蘗の隠元禅師来朝以後処々に多く之を植う。其葉　紫豇豆《じゅうはちささげ》の葉より大きく嫩葉《わかば》を煮て食う。六月に花開く紫白相交わり藤花に似て短く上に向かう。其長さ四五寸毎弁頗《すこぶ》る蛾状の如し、其莢長さ二三寸嫩き時煮て食う。軟にして甘美老《ひね》ては則ち硬く食うに堪えず豆を収て種と為す。栗色の如く或いは黒色にして嘴耳《はしみみ》の処正白にして大きさ黒大豆の如く団《まる》く炒り煮ると雖《いえど》も食う可《べ》からず。

一種葉花同じくして莢に微毛〔牧野いう、けだし糙渋《そうじゅう》の事をいったものであろう〕あり、硬くして食う可からず。俗名加木末女。是れ乃《すなわ》ち藊豆の種類なり。人種えずと雖も自ら変じて成るも亦有り。

白扁豆《はくへんず》

按ずるに白扁豆はすなわち藊豆の白く扁《ひら》たき者なり。花の色亦白し。日向より出る者良し山州摂州の者之に次ぐ。皆唐薬より勝れり。

右『倭漢三才図会』もまた白扁豆を隠元豆の一品として扱っているが、往時は薬用品として特にこんな品を作っておったものと想像せらるる。

上に縷述した拙文を幸いにも読んで下されしお方は、これで真正の隠元豆（古名あじまめ）と贋の隠元豆（五月ささげ）との区別がはっきりと分かられたことと信ずる。私らはこんなことはもはやとっくの昔に知りぬいていた黴の生えた事実ですけれど、意外にも今日「トップ」を切った『大言海』の叙述に驚かされ、止むに止まれぬ学びの魂から、ついかく長談義をおっぱじめたわけです。どうも御退屈さま。

隠元禅師、地の底で菜豆《いんげんまめ》の娑婆からの「ラジオ」を聞いて、承知ができんぞとその冒称の非を鳴らし、頭に湯気を立て衣をまくりてわめているところ、

いんげんがにせいんげんのなをきいて
いんげいんげとまめなおたけび

〔註にいう〕いんげは土佐でいう否定の言葉で、いいえそうではないなどといういいえと同じことです。

追　記

私は辞典学者に対して、決して植物学者のようになれと責むるでは無論ないが、しかし辞典中にその項目がありありと列挙してある以上は、たとえその解釈は簡単でも、その事実は正確で間違いのないものであらねばならぬと考える。また同学者に対し、

そこにないものをあれと責めるのではなく、既にあるものはこれを正確にせよと要求するので、これは決して無理ならぬ使用者からの注文とだれもが承知することであろう。

ついでに上に述べ来たった両豆渡来の前後が解るように、左のように記してみた。これでみればその委細がよく呑み込めるであろう。

正▼いんげんまめ（ふじまめ、あじまめ）〔Dolichos Lablab *L.*〕
王朝時代渡来？………隠元禅師招来（二七八年前）

偽▼いんげんまめ（五月ささげ）〔Phaseolus vulgaris *L.*〕
約二三〇年前初渡来

蘭山のミノゴメの知識

小野蘭山は、後には今日いうカズノコグサをミノゴメだと信ずるにいたったが、その前には今いうコメガヤをミノゴメだと思っていた。蘭山も若い時分には、だれも同じように、随分思い違いもしたであろうが、このミノゴメについてはついにしまいまで思い違いですんでしまった。今そのいきさつを知ろうなら左の文章を読めば分かる。

蘭山の著書で、かの有名なる『本草綱目啓蒙』の前駆をなせる『本草訳説』と『本草記聞』（共に未刊）との両書には、ミノゴメというものについて左のとおり出ている。すなわちまず『本草訳説』の方には、

茵草　ミノゴメ　ミノグサ　ハルムギ　エッタムギ　スヾメノムギ（若州）
竹林ノ陰ニ多ク生ズ葉ハ蓑衣草《ミノスゲ》ニ似タリ幅一分長サ一尺余深緑色燕麦《チヤヒキクサ》ノ如クニシテ小穂アリ白色茎タハミテソレニ並ビテ実ヲ結ブ獣肉ノ毒ニ中リタルニ此実ヲ飯ニ炊シギ食フ能解ス故ニエッタムギト云

とある。次に『本草記聞』の方には、

茵草　ミノゴメ　ミノクサ（大和）ハルムギ　エタゴメ　スヾメノムギ（若州）
藪ノ陰ニ多生ス葉薄クシテ長サ一尺斗ハバ一分程蓑衣草ニ似テ深緑色三月比燕麦ノ如キ小穂ヲ抽ス白色ノ小花タハミテ並ビテツク中ニ実アリ炊シギ食シテ能獣肉ノ毒ヲ解ス故ニエタゴメノ名アリ一名　豈（通雅）　藹（同）　蔪（同）　釈名守田（半夏狼尾草同名）

とある。次に『本草綱目啓蒙』にいたって次のごとく出ている（享和三年衆芳軒発行の初版本による）。すなわち、

茵草　ミノゴメ　ニノゴメ（雲州）ハルムギ　エッタムギ　エッタゴメ
〔一名〕豈（通雅）藹　蔪　菥（共同上）
溝側或ハ田地ニ生ズ宿根枯レズ春早ク葉ヲ生ズ形細長ニシテ看麦娘ノ如シ茎ヲ抽コト数寸或ハ一二尺葉互生ス梢ニ長穂ヲナス枝アリテ直立シ円扁ナル小子多ク重リ著ク初夏熟シテ白ク落テ自生ス村民子ヲ採テ糊トス又屠者《エッタ》子ヲ採リ飯トナシ食フ獣肉ノ毒ニ中リ発熱スルヲ解ス故ニエッタムギ等ノ名アリ一種ミノゴメ（同名ナリ）一名ミノグサ（和州）ス、メノコメ（若州）春時路旁樹下ニアリ茎高サ一二尺細長葉互生ス梢ニ長穂ヲ出ス正立セズ二分許ノ苞ヲマバラニ垂ル後内ニ小実アリ漢名詳ナラズ

である。

今右の三書を通覧してそれを味わってみると、蘭山は始めある一種のミノゴメをその品だと思っていたが後別にその適物だと思うものを知り得て、そこで最初の所見を訂正したことが看取せらるる。それゆえに『訳説』ならびに『記聞』のものと、『啓蒙』のものとはまったく別の植物で同物ではなく、ただ『啓蒙』の文中にある「一種ミノゴメ云々」のところのみが『訳説』と『記聞』とに一致している。しかしこれは共にミノゴメの正品でないから、ミノゴメについてこれらの書を引用する人または参考する人は、あらかじめその辺の事実を充分に知悉《ちしつ》しおくの要がある。

この『訳説』、『記聞』の全文、ならびに『啓蒙』ミノゴメ文中「一種ミノゴメ云々」の文のものは始めにちょっと記しておいたコメガヤで、学名を *Melica nutans L.* と称し山地に生ずる一種の宿根生禾本《かほん》で、藪際などによく見るものである。一株から瘦せた数茎を出して狭き葉を着け、高さ一尺半内外で茎梢に傾いて鳴子ようにかなり太い小穂を着けている。その状米をぶら下げたようだからコメガヤの名がある。しかるにその穀粒もかなり大きいが、いまだこれを採って食しているということを聞いたことはない。

上の『本草綱目啓蒙』の本条品なるミノゴメを、久しい間だれもがその説のとおりそう信じていたものだ。すなわちその品は *Beckmannia ercaeformis Host.* であった。しかしこの品はたとえ百人が百人そう思っていても、じつはそれはミノゴメの真品そのものでは決してなかったことは今日では既にはっきりしている。すなわちミノゴメの正品は、蘭山などが考えいたらなかったムツオレクサ、すなわち Glyceria acutiflora *Torr.* その品であったのである。机上で論を建つる人はとかく本ものを間違え、こんな誤りをあえてする弊がある。

飛蓬すなわち転蓬となる蓬

かつて「蓬はヨモギではない」の題下に蓬について少しく述べておいたがこの蓬は必ずしも一種の草を指したものではなく支邦の北地蒙古の辺で天寒く草木黄落して雁南に翔《かけ》るという秋末初冬の季節になると日夜勢い強き朔北の長風が砂漠を蕩吹しそこに生えている多分藜《あかざ》科並びに蒿艾《こうがい》類の草本をその風威で根から引き抜きその蓬々然たる繁枝の枯草体を丸め参差《しんし》として遠近《おちこち》に吹き転がしついには幾里も先へ先へと天涯に向うて送り遣り、時にはまた草体を廻旋せしめて空中へ飄揚し吹き飛ばすこともある。その草は必ずしも一種に限られたものではなく何と云う品種かはこれを実見せぬ私にはそれがよく分からないがその中にはけだし地膚《ハハキギ》の一品などもありはせぬかと思われる。この胡砂を吹く風は大陸的なものであればまことに強烈でただに草のみならず雲の知く砂塵をも揚ぐることであろうことが想像に難くない。これが見渡し遠く涯《かぎ》りなき荒れた砂漠に起るものとすればそれは実に壮観にしてまた凄愴なものであろう。

支那の学者は蓬につき疾《と》くに左の通り述べている。すなわち「按ズルニ蓬類一ナラズ……又黄蓬草、飛蓬草《ひほう》アリ、其飛蓬ハ乃チ《すなわ》藜蒿《れいすう》ノ類ナリ、末大ニ本小ナリ風之レヲ抜キ易シ故ニ飛蓬子ト号ス」と記し、また「葉散生シテ蓬ノ如ク末ハ本ヨリ大ナレバ風ニ遇エバ輒チ《すなわ》抜ケテ旋ル《まわ》」とも、「夫《そ》レ蓬ハ善ク転旋シ直達スル者ニ非ザル也」とも、「今夫レ飛蓬風ニ飄《ひるがえ》ッテ行キ千里風ニ乗ズルノ勢イナリ」とも、「飛蓬ノ転ズルヲ見テ車ヲ為ルヲ知ル」とも「秋蓬ハ根本ニ悪シク枝葉ニ美ナリ秋風一タビ起ラバ根且《か》ツ抜ク」とも、「古人多ク転蓬《てんぽう》ヲ用ウレドモ竟《つい》ニ何物タルヲ知ラズ外祖林公使遼ニ使シテ蓬花ヲ見ル枝葉相属シ団欒トシテ地ニ在リ風ニ遇エバ即チ転ズ之レヲ問エバ転蓬ト云ウ」とも叙している、朔北胡地の長飈《ちようひよう》に送らるる飛蓬すなわち転蓬は同地の一つの名物である。

珍名カッペレソウ

動物の一方にヘッピリムシがあるかと思うと植物の一方にはカッペレソウと云うのがある、カッペレソウはヘッピリムシのように屁とは縁はないがヘルン（Fern）とは関係がある、この二つの名は誰をもへへへへへと笑わせる賑やか味を持っている、へイ。

このカッペレソウの名は確かに今を距《へだ》ること二百十二年も前の享保十一年（丙午）に出版せる松岡玄達の著なる『用薬須知』巻の二に始めて出ているがカッヘレサウとなっている、今その項を左に抄出してみよう。

小鳳尾草　蛮名カツヘレサウ蛮人ノ伝ニ多ク用テ膈噎《かくいつ》ヲ治ス巴旦杏《アメントウ》鳳尾草氷砂糖《コホリサトウ》甘艸細末シテ蜜ニテ煉《ねり》用ルニ間有レ効ト云又大葉ノ鳳尾草アリ貫衆ノタグヒノ通名ナリ此ト別ナリ小雉見草アリ犬ワラビノ類ヲ指ス一根数十茎ニシテ四モニ散ズルモノヲ鳳尾艸ト云小ナルモノハカツヘレ艸ナリ

これである、このカツヘレサウはけだしカッペレソウと発音するのであろう。

この草をまたカッペレヘネレスと書いた人がある。またカツヘレヘンネレスと書いた人もあるが、このカツヘレヘンネレスはまさにカッペレヘンネレスとすべきであろう。

安政三年に刻成った『皇和真影本草』にはヘンネレスの名がある。

若崎灌園の『本草図譜』巻の三十二に拠れば松岡としてカツヘレサウ、荷蘭名としてカツテイラとヘンネレスとがヌリトラノヲの名の下に挙げてある。

右に挙げたヘンテコな名の持ち主はなんであるのかと探ってみるとそれは今日吾人の通称するヌリトラノオすなわち Asplenium normale *Don.* を指したものであって、これは我が邦諸州の暖地樹陰に生ずる当緑の一羊歯《しだ》である。

カッペレソウの名は全体何から出たのかと想像してみると、多分これは Adiantum Capillus-Veneris *L.* の種名の「カピルス・ヴェネリス」からであろう、この羊歯は欧洲には極めて普通の品であり我邦ではよく温室で見られ、また我が日本西南暖地では野生もあって和名をホウライシダと称せられている。その葉の分裂の型は上のヌリトラノオのそれとは大いに異っていれどもその葉柄《ようへい》と葉軸とが黒く塗られた如き光沢があるなどからみて昔の不案内時代のことだからその辺をボーッと考えこんな結果をば招来したものであろう、つまり充《あ》てそこないということになる。

右のホウライシダなる Adiantum Capillus-Veneris *L.* の羊歯は昔時欧洲では一時大変に薬効があると唱えられたことがあってそれが特に利尿剤並びに祛痰《きよたん》剤として用いられた。しかしその後はただ僅かにその生葉を原料として製せられた頭髪洗滌液があるばかりであった。この洗滌液が頭髪の生長を促進旺盛ならしむると云う所信に基づいて処女の髪の意なる Capillus-Veneris の種名が生じ、したがって通俗にはこの羊歯を Maidenhair Fern と呼んでいる。

ヌリトラノヲとして図してある上記『本草図譜』巻の三十二の十六丁裏の図は今日云う Asplenium normale *Don.* のヌリトラノオではなく(白井博士、大沼宏平氏はそう考定していれども)これは疑いもなくチャセンシダ(A. Trichomanes *L.*)である。この時分には或るチャセンシダをヌリトラノオと呼んでいたのかも知れないが、これは詮議すれば判明することと思う。しかし今早急にやる時間を持たないからそれは後日の問題として残しておく、もしこの『図譜』の図が今日云うヌリトラノオだとすればその小葉がもっと長くなければならない訳だ、しかしまたひるがえって考うれば灌園が本当のヌリトラノオの実物を間違えチャセンシダを写生しそれをヌリトラノオとしているかも知れぬからここは根本的にこの両羊歯を詮議してかかる必要があるがとにかく『図譜』の図は前述の通り今日云うチャセンシダである。

もしヌリトラノオとしてあるものが今日吾人の云うチャセンシダであったとすればかのカッペレソウはチャセンシダであると云うことになるが、これは『真影本草』をみればその解決の鍵を得ると思うからその内に右の書を閲《けみ》してその如何を決することにするが、私は『図譜』の図はチャセンシダでそれを灌園が間違えてヌリトラノオとしているのだと思う。

珍名カッペレソウへの追記

カッペレソウについては倉卒《そうそつ》の際なお多くの書かねばならぬことを遺したことに気が付いたからここに追記としてこれを述べる。そしてカッペレソウの名が松岡玄達の『用薬須知』巻の二に「始めて出ている」と書いたのは私の早マリで本書のそこにそれが出ているには違いはないがそれは決して「始めて」では無かったのである。

右の『用薬須知』は享保十一年の出版であるから今昭和九年からだと確かに二百八年前に当っている。

この『用薬須知』に先だつことまさに十四年で、今から二百二十六年前の正徳二年(同三年に出版になったであろう)にその編纂の成った寺島良安の『倭漢三才図会』巻の九十八にカツヘラサウが出ている、すなわち著者寺島氏はそれを『本草綱目』にある石長生《かつべらそう》にあてそれにカツヘラサウ(加豆閉良艸)とヘネレンサウ(閉禰連牟艸)の俗名が掲げてあり、石長生の異名として丹草と丹沙草とが副署してある、そしてその草の形状性質として著者は、按ズルニ石長生ハ渓澗井石ノ間ニ生ズ状《かた》チハ蕨《わらび》ニ似テ面背青ク夏ハ背ニ子ヲ着ク茶褐色ニシテ虎ノ尾草〔牧野いう、ここに云うこの虎ノ尾草は今日いうヤブソテツ〕ノ子ノ如シ茎ハ紫黒ナリ折傷及ビ痰咳膈噎《かくえつ》ノ薬ト為ス（漢文）

と書いている。

右の漢名石長生は爾後その他の学者はいずれもこれをハコネグサ（Adiantum monochlamys *Eaton*）に充《あ》てているのであるが、しかし寺島良安がこの『倭漢三才図会』に物せし品は記述文もその図も共にすこぶる要領を得ないものでその図では或いは今日のイヌワラビ（Athyrium niponicum *Hance*）でも指しているように見ゆれども「茎ハ紫黒ナリ」とあればそれには合わず、またシノブ（Davallia Mariesii *Moore*）などにも合致せず、畢竟《ひっきょう》今日いずれのシダを指したものか、その辺すこぶる曖昧なものである。

寺島良安は別にハコネグサ即ち箱根草を同書巻の九十二之末に掲げ、

按ズルニ箱根草ハ相州箱根山ニ之レアリ小草ニテ苗ノ高サ六七寸細茎褐色葉形銀杏葉ニ似テ小ク其根細ク絲ノ如クニシテ短シ未ダ其本名ヲ知ラズ相伝ヘテ云ク産前産後ノ諸血症及痰飲ヲ治スト

往年阿蘭陀人之レヲ見テ良草アルヲ称シ請テ之レヲ採リ得テ甚ダ以テ珍ト為リト云フ（漢文）

と書いているので見れば良安のこの書に用いし前条の石長生はハコネグサ外の或る品を指したものたる事が知らるる。

前文に阿蘭陀《オランダ》人とあるのはけだしケンフェル氏を指したのであるが、しかもこの人から出たハコネグサのカツヘラソウ、ヘネレンソウを良安は前項の如く別のものと思ってそうしているのはすこぶる不徹底なことである。

もし良安が右の石長生をハコネグサだとして書いておってくれたらばかのカツヘラソウ（カッペラソウと発音するであろう）一名ヘネレンソウは正しいハコネグサのことになったのだが、それを変なシダに持って行ったから変な始末になってしまった。ここに不思議なことには小野蘭山の『本草綱目啓蒙』巻の十六の石長生に伴うた和名はハコネグサ、オランダソウ、クロハギ、ヨメノハハキ、ヨメガハハキ、ヨメガハシ、イシシダ、ホウオウハギ、イチョウシノブ、イチョウグサの十個であるが、その中にカツヘラソウの名の見えていないことである。しかしオランダソウの名があってカツヘラソウと一脈の通じている所があるのは面白い。このオラングソウは疑いもなくかのケンフェル氏と因縁を持つものである。

とにかく上の如く『倭漢三才図会』にカツヘラソウの名が記してある以上は今なお一つその前身が無ければならぬ。右『倭漢三才図会』の著者は果してそれをいずれから拉し来たものであろうか、かのケンフェル（*E. Kaempfer*）氏著の『海外奇聞』すな

わちAmoenitatum Exoticarum の中にハコネグサが出ていてそれが、
Fakkona Ksa Adiantum celebre & medicamentorum montis Fakkona, caulibus purpureis nitidiffimus. Adiantum folio Coriandri ; *seu*, Capillus-Veneris.
と記してあるから或いはこの書のこれがその本《もと》をなしているかも知れぬと思って見ると、何ぞ料《はか》らんこのケンフェル氏の書は正に『倭漢三才図会』の成りし同じ年に出版せられたものであるから、ケンフェル氏のこの書は決してその本《もと》をなしたものでないことが判った。それなら良安先生その名をどこから鉤《かぎ》出して捉え来たのか、今その辺の消息を明らかにする由もないがこれは無論誰かに聞いたのであろう。

ところが上の『倭漢三才図会』より一三年遡って寛永六年に貝原益軒の『大和本草』が出版になっていて、その書の巻の九に虎の尾と云う草が載っている。それに一つの図が添えてあるのでこの虎の尾は今日でも云うトラノオシダ即ち Asplenium incisum *Thunb.* であることが分かる。これにカッテイラ幷《なら》びにヘンネレスの名が伴うている、今この虎の尾について右の『大和本草』の文を抄出してみれば、

虎ノ尾　小草ナリ箱根草ヨリ細ニシテ柔ナリ最美《ウルワシ》箱根艸ニ相似テ不レ同蛮語ニカッテイラトモ。ヘンネレストモ云状如レ此産後ニ紅夷人コレヲ用ユ日本人ハ四物湯ト等分ニ合セ産前後ニ用テ験《しるし》アリカゲボシニニスル又膈症ニ此草トアメンダウス氷沙糖三種等分ニ合セ服ス甚験アリシノブ。ハコネ草虎ノ尾三物相似テ不レ同云

云。

である。上の『倭漢三才図会』にはカツヘラサウ、ヘネレンサウとあるが右の『大和本草』にはカツテイラ、ヘンネレスとある。この『倭漢三才図会』に指すところの草の正体とこの『大和本草』に指すところの草の正体とは相異っているようであれど、このヘンテコな名は元来は両書とも同系のものである、すなわち『大和本草』のカツテイラは『倭漢三才図会』のカツヘラサウで、また『大和本草』のヘンネレスは『倭漢三才図会』のヘネレンサウである。元来聞き慣れぬ洋名であるからそれからそれへと訛伝してついにこんな呼び声の相違を生じたのであろうが、しかしその一番の発端はカピルス・ヴェネリスすなわち Capillus-Veneris であってそれを書物に載せた前に和蘭《オランダ》人かまた誰かからこの名の発音を聞き、それが転々してその結果以上述べ来ったようになったと思う。右のカピルス・ヴェネリスすなわち Capillus-Veneris が二つに分かれてそのカピルスがカッテイラともカッヘラソウともなりそのヴェネリスがヘンネレスともヘネレンソウともなった訳だ。しかしこのソウは草でこれは日本人が後にその原名へ添加したものである。

前文に私は「和蘭人かまた誰かから」と書いたが、なお考うるにその最初のタネを蒔《ま》いた人はやはりケンフェル氏その人であった。

ケンフェル氏が我が日本へ来て肥前の長崎に上陸したのは西暦一六九〇年、我が元禄三年であった。すなわち今から二百四十八年前である。その翌元禄四年に第一次江戸へ参覲する時、三月十一日に相州の箱根を越えたのであるが、その時同氏は同山でハコネソウを観てこれをかねて欧洲で見覚えのあるAdiantum Capillus-Venerisだと思った。同氏の名著なる『日本歴史（日本誌）』（The History of Japan）にこう出ている。

All around us we were delighted by the green sides of the mountains, beset with various sorts of tall and curious trees, and a wonderful variety of plants and flowers. The plants, which grow upon these mountains, are esteem'd by the physicians of the country to have greater virtues in proportion, than others of the same kind growing elsewhere, and are therefore carefully gather'd and laid by for physical uses. The have a particularly value for a very beautiful sort of an *Adiantum*, or Capillus-Veneris, with shining purple black stalks, and ribbs, which is said far to exseed in virtues all the rest of this family. It growing plentifully upon these mountains, there is hardly any body passes there, but takes some provision along with him, for his own use, or that of this family. It is known by no other name, but that of *Fackone ksa*, that is the *Plant of Fackone*.

これでみるとケンフェル氏がハコネグサを正にAdiantum Capillus-Venerisだと思ったことが分かるであろう。

衛藤利夫氏という人があって右のケンフェル氏著『日本歴史』の一部を訳して『長

崎より江戸まで』と題する一書を編し、大正四年七月にそれが東京で発行せられた。前に引用した原文をこの書においてはどう訳してあるのか、今これを左に抄出してみよう。

四顧悉《ことごと》く蒼々たる山側にして、其処には種々の高木あり、奇木あり、姿態百出の植物と花とありて、吾等の心を娯しましむること幾何《いくばく》なりしを知らず。この山中に生ずる草木は、他所に生ずる同種の草木に比して効力大なりとして、この国の医師に珍重せられ、医薬用として注意深く蒐集保存せらる。その中には石長生《アディアンタム》属の美しき一種あり、葉柄葉肋共に紫黒色の光輝を帯び、同属の植物中特に著しき効験ありと称せらる。そはこの山に夥《おびただ》しく生ずるものなるを以て、この地を通るものにして、或は自己の用に供せんが為め、或は家庭の為に、行く行くそれを採集して携へ行かざるは無し。この植物は、箱根《ファコネ》の植物なる意味に於て、単に箱《ファ》根草《コネクサ》の名を以て知られたり。

である。あまり佳《よ》い訳文ではないがまず一通りはこれでも分かる。しかるにこの訳文には原文にある Capillus-Veneris（カピルス・ヴェネリス）の種名が逸してあるので、かのカッテイラ并びにヘンネレスがこれを源として流れ出ている事情は少しも知ることができないので、それはただ原文を読んで始めてこれを悟了し得るのみである。

上に叙したところで了解し得らるるが如く、畢竟《ひつきよう》カッテイラとヘンネレスとはもとカピルス・ヴェネリスから出で、それがまたカッペラソウとヘネレンソウともなり、またカッペレソウともなりまたカッペレヘネレスともなり、さらにカッペレヘンネレスともなったのである。

このヘンナ名の植物はすでに上に記した通りもとはAdiantum Capillus-Veneris と誤認せられたハコネグサそのものであったものが、『大和本草』でトラノヲシダの名になり『倭漢三才図会』で不得要領な或るシダとなり『用薬須知』とその他の書ではヌリトラノヲとなっている。しかしかくの如くなってはいれどこれをハコネグサ以外の品にあてはめるのはみな誤りで正鵠《せいこく》を得ていなく、これはまさにハコネグサを呼んだものとせねばならぬ。

これを要するに始めケンフェル氏がハコネグサに対して言ったカピルス・ヴェネリスの名がいろいろ珍な名と変ってもとのハコネグサを離れ、外様《とざま》のトラノオシダだのヌリトラノオだのの処へ押掛けの嫁入りをしたものである。

ジャガイモは馬鈴薯ではない

世人はジャガイモすなわちジャガタライモを馬鈴薯として怪しまず常に平気でそれを使用しているのは滑稽といわずして何ぞやと言いたくなる。元来この馬鈴薯をジャガタライモだといい初めた奴は誰だ。オット奴とは失敬、それは小野蘭山先生でございまして、すなわちその著の『耋筵小牘』に出ている。この書は先生八十歳の寿を祝するために先生の嗣子、孫並びに及門の士が筵《むしろ》を開いた時先生が撰述してそれに報いられた冊子で今を距《へだた》る百三十年前の文化五年に小野《お》衆芳軒《のしゅうほうけん》で発行したものである。

この書に馬鈴薯はどう出ている、

馬鈴薯

ジヤガタライモ　　甲州イモ　尾州

清大夫イモ　信州　　伊豆イモ　江州

朝鮮イモ　　アカイモ　共同レ上

松渓県志ニ曰馬鈴薯ハ葉依レ樹ニ生掘二取之ヲ一形有二小大一略如二鈴子一色黒而円味苦甘

こう出ている。

今右の『松渓県志』の文を味わうに、それは決してジャガタライモに中《あた》っておらないことは誰の眼にも分かるであろう。これをしいてジャガタライモに充《あ》つるのは無理である。これはしいて充《あ》てんがための充て方でチットモ中ってはいない。ジャガタライモの葉は樹に依りかかるものではない。またその薯《いも》は黒色ではなく苦味もない。この馬鈴薯なるものは確かに何か別の植物である。

支那の本国ではジャガタライモを決して馬鈴薯とはいわないで、それを陽芋と呼んでいる。また別に荷蘭薯の名もあれば山薬頭子の名もある。また山薬蛋と称えるのも同物であろう。

事実は上の如くであればジャガタライモを馬鈴薯と書くことは今日限りやめるべしだ。星は移り物は換わった今日まで百三十年の間もそう呼び続けてきたのだから、もう大概のところで見切りを付け暇をくれてやったがよかろうじゃないか。これほどの永い間無数の人々に信じさせ唱えさせ来った威力があったのだから、今これをヤメタところで蘭山先生ももうそう残念には思うまい。ジャガタライモと呼ぶのが長くて七面倒ならすでに世人が呼んでいるようにこれをジャガイモと云えばそれでよい。ことさらこれを間違っている異国名のバレイショ（馬鈴薯）で呼ぶ必要は少しもない。

紫藤は我が日の本のフジならず

我が邦従来の学者は我が日本のフジを紫藤だと信じていたばかりでなく今日でもなおそう思っている人が相当に多かろう。だがしかしこの紫藤は支那のフジで我が日本にはどこにも産せぬ。和名をシナフジと云い学名を *Wistaria sinensis Sweet* と称する。私はこのシナフジがもしや肥前の長崎へ来ていはしないかと思い前年同地を尋ね廻ったが、ついに見付け得なかった。これは遠い西洋へは疾《と》くに渡っていてアチラの書物にはよく見えているが近い隣の我が邦へはなぜに来ないものであろうか。

我が邦には正種として二つのフジがあるが、いずれも右の支那のフジとは違う。すなわち一つはフジで一つはヤマフジである。フジはいわゆるノダフジで学名を Wistaria floribunda *DC.* と云い、ヤマフジは Wistaria brachybotrys *Sieb. et Zucc.* の学名を有する。このヤマフジの白花変種をシラフジと称し、その学名は W. brachybotrys *Sieb. et Zucc.* var. Venusta *Makino* であってこの品はかくヤマフジの一変種とするのが正しい見方である。

この邦産の二種のフジは支那に無いのだからしたがって漢名は無い、ゆえに日本のフジを紫藤とは書くべからずである。よろしくただ仮名でフジ並びにヤマフジと書くべきのみである。

日本では普通に藤をフジと訓《よ》ませていれど元来藤の字は本質である蔓物《つる》の総称である。ゆえに上に形容詞を添えて扶芳藤だの常春藤だの甘藤だの消風藤だのと称えることになっていて紫藤もまたその一つに外ならない。これによってこれをみれば、藤はフジとするよりはむしろカズラと訓ます方が真に近くかつ穏当である。

牧野富太郎略年譜

1862～1957

文久二年（一八六二）〇歳
四月二十四日、土佐国（現・高知県）高岡郡佐川村（現・佐川町）西町組一〇一番屋敷に生まる。父佐平、母久寿、幼名・誠太郎。

慶応元年（一八六五）三歳
父佐平死亡。

慶応三年（一八六七）五歳
母久寿死亡。

明治元年（一八六八）六歳
祖父小佐衛門死亡。富太郎と改名。

明治四年（一八七一）九歳
佐川町西谷の土居謙護の寺子屋に入り、のち同町目細谷の伊藤蘭林塾に学ぶ。この頃より植物を採集観察。

明治五年（一八七二）一〇歳
藩校名教館に学ぶ。

明治七年（一八七四）一二歳
佐川町に小学校開校。下等一級に入学、文部省編の博物図に学ぶ所多し。

明治八年（一八七五）一三歳
この年、いつとはなしに小学校退学。

明治十二年（一八七九）一七歳
佐川小学校授業生となる。月給三円。

明治十三年（一八八〇）一八歳
佐川小学校授業生退職、高知市に出て弘田正郎の五松学舎に学ぶ。永沼小一郎と知りあい、ともに植物学を学ぶ。コレラ流行のため佐川町に帰る。

明治十四年（一八八一）一九歳

四月、東京に開催の「第二回内国勧業博覧会」見物を兼ね、顕微鏡、参考書購入のため上京。文部省博物局に田中芳男、小野職愨両氏を訪ね知遇を受ける。五月、日光に採集。六月、箱根、伊吹山等に採集した後帰郷。

明治十七年（一八八四）二二歳

七月、二度目の上京。理科大学（現・東京大学理学部）植物学教室に出入りし、矢田部良吉教授、松村任三助手と相識る。「日本植物志」編纂の志を抱く。

明治十九年（一八八六）二四歳

この年より明治二十三年までの間、東京と郷里佐川町の間をしばしば往復。佐川小学校にオルガンを寄贈し、自ら有志に弾奏法を教える。高知県内と四国各地に採集。

明治二十年（一八八七）二五歳

二月十五日市川延次郎、染谷徳五郎とともに『植物学雑誌』を創刊。五月、祖母浪子死亡。石版印刷屋太田義二の工場に通い石版印刷術を習得。

明治二十一年（一八八八）二六歳

十一月十二日、『日本植物志図篇』第一巻第一集出版。

明治二十二年（一八八九）二七歳

一月、『植物学雑誌』第三巻二十三号に、日本で初めてヤマトグサに学名を命名。

明治二十三年（一八九〇）二八歳

五月十一日、東京府下小岩村でムジナモを発見。小沢寿衛子と結婚。矢田部教授より教室出入りを禁止され、ロシア亡命を企てる。

明治二十四年（一八九一）二九歳

二月十六日、マキシモウィッチ博士死去、ロシア行きの夢破れ、駒場農学科の一室で研究に没頭。五月、『日本植物志図篇』第九集出版。十二月、郷里の家財整理のため帰省。
明治二十五年（一八九二）三〇歳
郷里にあって横倉山、石鎚山その他各地に採集。九月、高知県南西部（幡多郡）に採集。高知市にて「高知西洋音楽会」を主宰。
明治二十六年（一八九三）三一歳
一月、長女東京にて死亡、上京。東京帝国大学理科大学助手となる。月俸十五円。十月、岩手県須川岳に植物採集を行なう。
明治二十九年（一八九六）三四歳
十月、台湾に植物採集のため出張。台北、新竹付近にて一カ月間採集。旧知小藤文次郎博士と再会。十二月、台湾より帰国。
明治三十二年（一八九九）三七歳
『新撰日本植物図説』刊行。
明治三十三年（一九〇〇）三八歳
二月、『日本植物志』第一集発行さる。
明治三十四年（一九〇一）三九歳
二月、『日本禾本莎草植物図譜』第一巻第一号出版（敬業社）。五月、『日本羊歯植物図譜』第一巻第一号出版（敬業社）。
明治三十五年（一九〇二）四〇歳
東京でソメイヨシノの苗木を買い、郷里佐川に移植。
明治三十九年（一九〇六）四四歳
八月、三好学博士とともに『日本高山植物図譜』上巻刊行（成美堂）。
明治四十年（一九〇七）四五歳
八月、九州阿蘇山に採集。十二月、『植物図鑑』出版（北隆館）。
明治四十一年（一九〇八）四六歳
一月、三好学博士とともに『日本高山植物図譜』下巻刊行（成美堂）。
明治四十三年（一九一〇）四八歳
八月、愛知県伊良湖崎に採集、帰途名古屋

の旅館にて喀血。
明治四十五年（一九一二）五〇歳
一月、東京帝国大学理学部講師となる。
大正二年（一九一三）五一歳
四月、佐川町の郷里に帰る。『植物採集及び標本調整』出版（岩波書店）。『植物学講義』三巻出版（中興館）。『増訂草木図説』四巻完成（成美堂）。
大正五年（一九一六）五四歳
池長孟の好意により経済的危機を脱す。神戸に池長植物研究所を作り標本約三十万点をおく。四月『植物研究雑誌』を創刊。八月、岡山県新見町方面に採集。
大正八年（一九一九）五七歳
北海道産オオヤマザクラ苗百本を上野公園に寄贈。六月、『植物研究雑誌』主筆を退く。八月、『雑草の研究と其利用』（入江弥太郎と共著）出版（白水社）。
大正九年（一九二〇）五八歳
七月、吉野山に採集。
大正十一年（一九二二）六〇歳
七月、日光において成蹊高等女学校職員生徒に植物採集指導、校長中村春二と知りあい種々支援を受ける。十二月、内務省栄養研究所事務取扱を嘱託さる。
大正十二年（一九二三）六一歳
三月、願いにより栄養研究所嘱託を退任。八月、『植物ノ採集ト標品ノ製作整理』出版（中興館）。九月、関東大震災に遭う。
大正十四年（一九二五）六三歳
九月十日、根本莞爾とともに『日本植物総覧』初版発行。
大正十五年（一九二六）六四歳
十月、広島文理科大学にて講義。十一月、大分県因尾村井の内谷に梅の自生地を調査。十二月、東京府下北豊島郡大泉町上土支田五五七に新築、居を移す。
昭和二年（一九二七）六五歳
四月十六日、理学博士の学位を授けらる。
八月、秋田県宮川村付近に採集。九月、盛岡市において岩手県小学校教員に植物学を講義。青森県下に採集。十二月、札幌におけるマキシモウィッチ誕生百年記念式典に出席講演。帰途仙台にてスエコザサを発見採集。
昭和三年（一九二八）六六歳
二月二十三日、寿衛子夫人歿す、享年五十五。三月、『科属検索日本植物誌』（田中貢一と共著）出版（大日本図書）。七月より栃木、新潟、兵庫、岩手等十一県に採集旅行、十一月帰京。
昭和四年（一九二九）六七歳
九月、早池峰に登山採集。
昭和五年（一九三〇）六八歳
八月、鳥海山に登山採集。
昭和六年（一九三一）六九歳
四月、東京で自動車事故に遭い負傷入院。
六月、奈良県宝生寺付近に採集。
昭和七年（一九三二）七〇歳
七月、富士山に登山採集。八月、九州英彦山に採集。十月、『原色野外植物図鑑』第一巻発行（誠文堂）。
昭和八年（一九三三）七一歳
十月、『原色野外植物図鑑』（全四巻）完成（誠文堂）。
昭和九年（一九三四）七二歳
七月、奈良県下に採集。八月、高知県において植物採集会指導、高知市付近、横倉山、室戸岬、土佐山村、白髪山、魚梁瀬山等に採集。
昭和十年（一九三五）七三歳
三月五日、東京放送局より「日本の植物」

放送。五月、伊吹山に採集旅行。六月、『趣味の植物採集』発行（三省堂）。山梨県西湖付近に採集。八月、岡山県下に採集旅行。十月、東京府下千歳烏山付近にて採集会指導。

昭和十一年（一九三六）七四歳
四月、高知県に帰省、郷里で旧友と花見をし、高知会館において歓迎パーティーに出席、「桜の話」を講演。四月、高知市高見山付近で高知博物学会の採集会指導。七月、『随筆草木志』出版（南光社）。十月、東京会館において「不遇の老学者をねぎらう会」に招かる。『牧野植物学全集』全六巻付録一巻完成。

昭和十二年（一九三七）七五歳
一月二十五日、朝日文化賞を受ける。

昭和十三年（一九三八）七六歳
六月、喜寿記念会催され記念品を贈られる。『趣味の草木志』発行（啓文社）。

昭和十四年（一九三九）七七歳
五月二十五日、東京帝国大学理学部講師辞任、勤続四十七年。

昭和十五年（一九四〇）七八歳
七月、宝塚熱帯植物園を訪問。八月、九州各地を採集。『雑草三百種』発行（厚生閣）。九月、豊前犬ヶ岳にて崖より落ち重傷を負い別府にて静養、十二月三十一日帰京。九月、『牧野日本植物図鑑』発行（北隆館）。

昭和十六年（一九四一）七九歳
五月、満洲国のサクラ調査のため神戸出帆、約五千点の標本を採集し六月帰朝。六月、民間アカデミー国民学術協会より表彰さる。十一月、安達潮花氏の寄贈により「牧野植物標品館」建設さる。池長研究所に置いた三十万点の標本が二十五年目に帰る。十二月八日、大東亜戦争勃発。

昭和十八年（一九四三）八一歳
八月、『植物記』出版（桜井書店）。
昭和十九年（一九四四）八二歳
四月、『続植物記』出版（桜井書店）。
昭和二十年（一九四五）八三歳
四月、敵機の至近弾により牧野標本館の一部破壊さる。五月、山梨県北巨摩郡穂坂村に疎開。八月十五日、大東亜戦争終戦。十月、帰京。
昭和二十一年（一九四六）八四歳
五月、『牧野植物混混録』第一号発行（十号まで鎌倉書房、のち北隆館）。
昭和二十二年（一九四七）八五歳
六月、『牧野植物随筆』出版（鎌倉書房）。
昭和二十三年（一九四八）八六歳
七月、『趣味の植物誌』出版（壮文社）。『続牧野植物随筆』出版（鎌倉書房）。十月、皇居に参内、天皇陛下に植物御進講。
昭和二十四年（一九四九）八七歳
四月、『日本植物図鑑』学生版出版（北隆館）。『植物研究雑誌』第二四巻（牧野先生米寿祝賀記念号）発行。六月、大腸カタルにて危篤となるが奇蹟的に回復。『植物学雑誌』六十二巻七二九―七三〇号を牧野博士米寿記念号として、会長小倉謙博士の祝辞掲げらる。
昭和二十五年（一九五〇）八八歳
五月、『図説普通植物検索表』出版（千代田出版社）。十月、日本学士院会員に推薦さる。
昭和二十六年（一九五一）八九歳
一月、文部省に「牧野富太郎博士植物標本保存委員会」設置さる。七月、朝比奈泰彦博士委員長となり標本の整理始まる。七月、第一回文化功労者として文化年金五十万円を受ける。

昭和二十七年（一九五二）九〇歳
郷里高知県佐川町旧邸址に「牧野富太郎博士誕生の地」の記念碑建設さる。

昭和二十八年（一九五三）九一歳
一月、『原色少年植物図鑑』出版（北隆館）。一月、老人性気管支炎にて重態となるが回復。七月、『植物学名辞典』（清水藤太郎と共著）出版（和田書店）。十月、東京都名誉都民に推さる。十月、山本和夫著『牧野富太郎 植物界の至宝』出版さる（ポプラ社）。

昭和二十九年（一九五四）九二歳
五月、『学生版原色植物図鑑』（野外植物篇）出版（北隆館）。十二月、同・園芸植物篇出版（北隆館）。十二月、感冒より肺炎となり臥床静養。

昭和三十年（一九五五）九三歳
四月、前年暮より臥床のまま九十三回目の誕生日を迎える。床中にて原色植物図譜の完成を急ぐ。四月、中村浩著『牧野富太郎』出版さる（金子書房）。十一月、上村登著『牧野富太郎伝』出版さる（六月社）。

昭和三十一年（一九五六）九四歳
一月、『牧野植物一家言』出版（北隆館）。七月七日、重態に陥るが、奇蹟的に回復。九月、東京都開都五百年事業の一つとして牧野標本記念館の設置に乗り出す。十月十三日、急性腎臓炎のため病状再び悪化。十一月、『草木とともに』出版（ダヴィッド社）。十二月、『牧野富太郎自叙伝』出版（長島書房）。高知県佐川町の名誉町民となる。

昭和三十二年（一九五七）九四歳
ほとんど食物を口にせず驚異的な生命力の強さにより危篤状態のまま新年を迎える。一月十八日午前三時四三分死去。十一月、文化勲章授与さる。

◉出典一覧———

Ⅰ　想い出すままに
『草木とともに』（ダヴィッド社、1956年11月／「イチョウ騒動」を除き『選集①』）
Ⅱ　わが植物園の植物
『随筆草木志』（南光社、1936年7月／『選集④』）
Ⅲ　植物さまざま
「あずさ弓」〜「ヤマノイモ談義」（『草木とともに』）
「ウキクサ・マコモ」「日本の桜と西洋の桜」（『随筆草木志』）
「日本のえびねについて」「蘭科植物の一稀品ひめとけらん」（同／『選集⑤』）
「大根一家言」（『続牧野植物随筆』鎌倉書房、1948年7月／『選集④』）
「茄子の無駄花」（『趣味の草木志』啓文社、1938年6月）
「水仙一夕ばなし」（『趣味の植物誌』壮文社、1948年7月／『選集②』）
Ⅳ　牧野一家言
「牧野一家言」（『草木とともに』）
「味噌、糞の見さかいもなき園芸家」（『随筆草木志』）
「農家の懐ぐあいで甘藷が変わった」「『大言海』のいんげんまめ」（同／『選集④』）
「蘭山のミノゴメの知識」「珍名カッペレソウ」（『趣味の草木志』／『選集⑤』）
「飛蓬すなわち転蓬となる蓬」「珍名カッペレソウへの追記」「ジャガイモは馬鈴薯ではない」「紫藤は我が日の本のフジならず」（『趣味の草木志』）
＊『牧野富太郎選集』全5巻は、東京美術、1970年4月〜9月刊。
＊略年譜は、『草木とともに』『選集⑤』に所載のものを参照させていただいた。
＊旧漢字、仮名遣いは、それぞれ新字新仮名遣いに統一させていただいた。

わが植物《しょくぶつ》愛《あい》の記《き》

二〇二一年 七 月二〇日 初版発行
二〇二三年 三 月三〇日 2刷発行

著　者　牧野《まきの》富太《とみた》郎《ろう》
発行者　小野寺優
発行所　株式会社河出書房新社
〒一五一-〇〇五一
東京都渋谷区千駄ヶ谷二-三二-二
電話〇三-三四〇四-八六一一（編集）
〇三-三四〇四-一二〇一（営業）
https://www.kawade.co.jp/

ロゴ・表紙デザイン　粟津潔
本文フォーマット　佐々木暁
本文組版　株式会社ステラ
印刷・製本　中央精版印刷株式会社

Printed in Japan ISBN978-4-309-41901-5

植物はそこまで知っている

ダニエル・チャモヴィッツ　矢野真千子〔訳〕　46438-1

見てもいるし、覚えてもいる！　科学の最前線が解き明かす驚異の能力！　視覚、聴覚、嗅覚、位置感覚、そして記憶——多くの感覚を駆使して高度に生きる植物たちの「知られざる世界」。

自己流園芸ベランダ派

いとうせいこう　41303-7

「試しては枯らし、枯らしては試す」。都会の小さなベランダで営まれる植物の奇跡に一喜一憂、右往左往。生命のサイクルに感謝して今日も水をやる。名著『ボタニカル・ライフ』に続く植物エッセイ。

私のプリニウス

澁澤龍彦　41288-7

古代ローマの博物学者プリニウスが書いた壮大にして奇想天外な『博物誌』全三十七巻。動植物から天文地理、はたまた怪物や迷宮など、驚天動地の世界に澁澤龍彦が案内する。新装版で生まれ変わった逸品！

バビロンの架空園

澁澤龍彦　41557-4

著者のすべてのエッセイから「植物」をテーマに、最も面白い作品を集めた究極の「奇妙な植物たちの物語集」。植物界の没落貴族であるシダ類、空飛ぶ種子、薬草、毒草、琥珀、「フローラ逍遥」など収録。

森の思想

南方熊楠　中沢新一〔編〕　42065-3

熊楠の生と思想を育んだ「森」の全貌を、神社合祀反対意見や南方二書、さらには植物学関連書簡や各種の論文、ヴィジュアル資料などで再構成する。本書に表明された思想こそまさに来たるべき自然哲学の核である。

イチョウ　奇跡の2億年史

ピーター・クレイン　矢野真千子〔訳〕　46741-2

長崎の出島が「悠久の命」をつないだ！　２億年近く生き延びたあとに絶滅寸前になったイチョウが、息を吹き返し、人に愛されてきたあまりに数奇な運命と壮大な歴史を科学と文化から描く。

白きたおやかな峰

北杜夫　41139-2

カラコルムの未踏峰ディラン遠征隊に、雇われ医師として参加した体験に基づく小説。山男の情熱、現地人との交情、白銀の三角錐の意味するものは？　日本山岳文学の白眉。

スパイスの科学

武政三男　41357-0

スパイスの第一人者が贈る、魅惑の味の世界。ホワイトシチューやケーキに、隠し味で少量のナツメグを……いつもの料理が大変身。プロの技を、実例たっぷりに調理科学の視点でまとめたスパイス本の決定版！

ワインの科学

ジェイミー・グッド　梶山あゆみ〔訳〕　46726-9

おいしさは科学でわかる。栽培、醸造、味覚まで、わかりやすくワインのすべてを極めた世界的ベストセラー。伝統と最新技術、通説と事実のすべて——常識をくつがえす名著、ついに文庫化！

チョコレートの歴史

ソフィー・D・コウ／マイケル・D・コウ　樋口幸子〔訳〕　46436-7

遥か三千年前に誕生し、マヤ・アステカ文明に育まれたチョコレートは、神々の聖なる「飲み物」として壮大な歴史を歩んできた。香料、薬効、滋養など不思議な力の魅力とは……。決定版名著！

動物になって生きてみた

チャールズ・フォスター　西田美緒子〔訳〕　46737-5

アナグマとなって森で眠り、アカシカとなって猟犬に追われ、カワウソとなって川にもぐり、キツネとなって都会のゴミを漁り、アマツバメとなって旅をする。動物の目から世界を生きた、感動的ドキュメント。

犬はあなたをこう見ている

ジョン・ブラッドショー　西田美緒子〔訳〕　46426-8

どうすれば人と犬の関係はより良いものとなるのだろうか？　犬の世界には序列があるとする常識を覆し、動物行動学の第一人者が科学的な視点から犬の感情や思考、知能、行動を解き明かす全米ベストセラー！

人間はどこまで耐えられるのか

フランセス・アッシュクロフト　矢羽野薫〔訳〕　46303-2

死ぬか生きるかの極限状況を科学する！　どのくらい高く登れるか、どのくらい深く潜れるか、暑さと寒さ、速さなど、肉体的な「人間の限界」を著者自身も体を張って果敢に調べ抜いた驚異の生理学。

偉人たちのあんまりな死に方

ジョージア・ブラッグ　梶山あゆみ〔訳〕　46460-2

あまりにも悲惨、あまりにもみじめ……。医学が未発達な時代に、あの世界の偉人たちはどんな最期を遂げたのか？　思わず同情したくなる、知られざる事実や驚きいっぱいの異色偉人伝！

とんでもない死に方の科学

コーディー・キャシディー／ポール・ドハティー　梶山あゆみ〔訳〕　46731-3

飛行機の窓が割れたら？　ブラックホールに身を投げたら？　クジラに飲みこまれたら？　45の「とんでもない死に方のシナリオ」を科学で考える、不謹慎で真面目なサイエンス・エンターテイメント！

触れることの科学

デイヴィッド・J・リンデン　岩坂彰〔訳〕　46489-3

人間や動物における触れ合い、温かい／冷たい、痛みやかゆみ、性的な快感まで、目からウロコの実験シーンと驚きのエピソードの数々。科学界随一のエンターテイナーが誘う触覚＝皮膚感覚のワンダーランド。

快感回路

デイヴィッド・J・リンデン　岩坂彰〔訳〕　46398-8

セックス、薬物、アルコール、高カロリー食、ギャンブル、慈善活動……数々の実験とエピソードを交えつつ、快感と依存のしくみを解明。最新科学でここまでわかった、なぜ私たちはあれにハマるのか？

脳はいいかげんにできている

デイヴィッド・J・リンデン　夏目大〔訳〕　46443-5

脳はその場しのぎの、場当たり的な進化によってもたらされた！　性格や知能は氏か育ちか、男女の脳の違いとは何か、などの身近な疑問を説明し、脳にまつわる常識を覆す！　東京大学教授池谷裕二さん推薦！

内臓とこころ

三木成夫

41205-4

「こころ」とは、内蔵された宇宙のリズムである……子供の発育過程から、人間に「こころ」が形成されるまでを解明した解剖学者の伝説的名著。育児・教育・医療の意味を根源から問い直す。

生命とリズム

三木成夫

41262-7

「イッキ飲み」や「朝寝坊」への宇宙レベルのアプローチから「生命形態学」の原点、感動的な講演まで、エッセイ、論文、講演を収録。「三木生命学」のエッセンス最後の書。

生物はなぜ誕生したのか

ピーター・ウォード／ジョゼフ・カーシュヴィンク　梶山あゆみ〔訳〕

46717-7

生物は幾度もの大量絶滅を経験し、スノーボールアースや酸素濃度といった地球環境の劇的な変化に適応することで進化しつづけてきた。宇宙生物学と地球生物学が解き明かす、まったく新しい生命の歴史！

生命科学者たちのむこうみずな日常と華麗なる研究

仲野徹

41698-4

日本で最もおもろい生命科学者が、歴史にきらめく成果をあげた研究者を18名選りすぐり、その独創的で、若干むちゃくちゃで、でも見事な人生と研究内容を解説する。「『超二流』研究者の自叙伝」併録。

科学を生きる

湯川秀樹　池内了〔編〕

41372-3

“物理学界の詩人”とうたわれ、平易な言葉で自然の姿から現代物理学の物質観までを詩情豊かに綴った湯川秀樹。「詩と科学」「思考とイメージ」など文人の素質にあふれた魅力を堪能できる28篇を収録。

科学以前の心

中谷宇吉郎　福岡伸一〔編〕

41212-2

雪の科学者にして名随筆家・中谷宇吉郎のエッセイを生物学者・福岡伸一氏が集成。雪に日食、温泉と料理、映画や古寺名刹、原子力やコンピュータ。精密な知性とみずみずしい感性が織りなす珠玉の二十五篇。

著訳者名の後の数字はISBNコードです。頭に「978-4-309」を付け、お近くの書店にてご注文下さい。